ラテン語碑文で楽しむ古代ローマ

本村凌二 ▼ 編著

池口 守 ▼ 大清水 裕 ▼ 志内一興 ▼ 髙橋亮介 ▼ 中川亜希 ▼ 著

研究社

「ローマ市街の碑文を歩く」番外編

①

②

①サンタ・マリア・デリ・アンジェリ教会　16世紀、ディオクレティアヌス帝の浴場跡にミケランジェロの設計で建てられた。

②ローマ市のマンホールの蓋　S.P.Q.R（＝ローマの元老院と民衆）の4文字が刻まれている。

③コロンナ広場のマルクス・アウレリウス帝の記念柱　螺旋状のレリーフにはゲルマン人との戦いの様子が描かれている。

③

④

⑤

⑥

④ティベリーナ島のファーテベーネフラテッリ病院　古代には医学の神アスクレピオスの神殿が建てられ、病気の回復を願う人々が集ったという。

⑤カンピドリオ広場に立つマルクス・アウレリウス帝の騎馬像（レプリカ）　オリジナルはカピトリーニ美術館内に展示されている。

⑥ティトゥス帝の凱旋門　フォロ・ロマーノの東端に、ユダヤ戦争での勝利を記念して建てられた。

⑦

⑧

⑦コロッセオ　ネロ帝の黄金宮殿の庭園の人工池があった場所に建てられた円形闘技場。ウェスパシアヌス帝の治世に建設が始まり、完成したのは息子ティトゥス帝の時代。

⑧チルコ・マッシモからパラティーノの丘を望む　丘上には皇帝たちの宮殿跡が残る。

⑨

⑩

⑨**カラカラ浴場跡** カラカラ帝治世下に建設された大公衆浴場で、運動施設や図書館も備えた一大娯楽施設だった。

⑩**ガイオ・チェスティオのピラミデとサン・パオロ門** この門はかつて、外港オスティアへと続く街道の入口であった。

ラテン語碑文で楽しむ
古代ローマ

本村凌二▾編著

池口 守▾大清水 裕▾志内一興▾髙橋亮介▾中川亜希▾著

研究社

Published in Japan
by Kenkyusha Co., Ltd., Tokyo

Copyright © 2011
by
Ryoji Motomura
Mamoru Ikeguchi
Aki Nakagawa
Yutaka Oshimizu
Kazuoki Shiuchi
Ryosuke Takahashi

All rights reserved. No part of this publication may be reproduced or re-used by any means without prior written permission by the publisher.

目　次

序論 ローマ市街の碑文を歩く 1

ローマ市街碑文マップ

トゥリアの称賛碑／S.P.Q.R.／神君アウグストゥス業績録／パンテオン／ファブリキウス橋／執政官暦／コンスタンティヌス帝の凱旋門／ケスティウスのピラミッド墓碑

第1部 碑文でたどるローマの歴史・社会 23

碑文集略記など

第1章 たちあがるローマ 25

第1節 伝説の時代 26
ラテン語碑文とローマの歴史／ローマの建国伝説／ローマ王政の開始

第2節 共和政ローマの誕生と成長 31
共和政の誕生／「身分闘争」の時代／アッリア川の屈辱／「どちらがイタリアを統治するのか！」

第3節 ローマ国家の拡大 38
カルタゴとの激突／ハンニバル戦争／「バッカナリア事件」／ローマの地中海制覇

第4節 100年の内乱 48
グラックス兄弟の改革／「イタリア」！／「幸運な人」スッラ／共和政の終焉

第2章 皇帝たちのローマ ……… 57

第1節 皇帝による支配の始まり ……… 58
「神君アウグストゥス業績録」／皇帝礼拝とアウグスタレス／人々の模範に／「暴君ネロ」の誕生

第2節 新たな家系の皇帝たち ……… 73
皇帝の権限とは／ユダヤ戦争での勝利の宣伝

第3節 五賢帝の時代 ……… 78
ローマ帝国最大版図の実現／広がるローマ市民権

第4節 セウェルス朝と「記憶の断罪」 ……… 86

第3章 ローマ帝国終焉への道 ……… 91

第1節 3世紀の「危機」? ……… 92
「ローマへの愛」ゆえの死／政治の混乱と軍人の台頭／「3世紀の危機」をめぐって

第2節 改革の時代
——ディオクレティアヌスからコンスタンティヌスへ ……… 103
ディオクレティアヌス帝の諸改革／コンスタンティヌス帝と新しい時代の始まり

第3節 地中海世界のキリスト教化とローマ支配の終焉 ……… 112
キリスト教の拡大／元老院とキリスト教／西方におけるローマ支配の終焉とゲルマン人

第4章 ローマの食と水をめぐって ……… 125

第1節 巨大都市への食糧供給 ……… 126
オスティアと新港／穀物、オリーブオイル、ガルム

第2節 飲酒と排泄 ……… 133
ワインにうるさいローマ人／排泄の「罪」と「功」

| 第3節 | 上水道とローマ人の浴場文化 | 139 |

水の都ローマ／水道のメンテナンス／風呂好きのローマ人

第5章 戦うローマ人 ... 149

第1節 ローマの軍隊 ... 150

トイトブルクの惨劇／私兵団から帝国の軍隊へ／辺境の兵士たち／退役兵の修了証書

第2節 命がけの競技 ... 163

第6章 ローマ世界の広がり ... 169

第1節 ローマ世界の旅人たち ... 170

旅人の足跡：エジプトのメムノン像／里程標石と支配のプロパガンダ／旅の危険：ある伝令の墓碑

第2節 ローマの支配と地方社会 ... 179

ローマ市民権：バナサ青銅板／内陸ガリアの皇帝礼拝／パルミラの三言語併用碑文

第3節 流れ込む人々と神々 ... 190

エジプトからの奴隷とイシス神官／ローマとパルミラの「太陽神」／「エルサレムの捕囚」

コラム：碑文の解読に挑戦

① アッピウス・クラウディウス・カエクスの事績を伝える碑文 ... 38
② 神君アウグストゥス業績録 ... 60
③ コンスタンティヌス帝の凱旋門 ... 110
④ マッジョーレ門の碑文 ... 141
⑤ トイトブルクの森の戦いで死んだ兵士の墓碑 ... 153
⑥ メムノン像のグラフィティ ... 173

第2部 碑文カタログ ... 201
第2部碑文カタログについて ... 202

1. 奉納碑文 ... 206
①ルキウス・ムンミウスの「勝利のヘラクレス神殿」奉献碑文／②太陽神の祭壇奉納碑文／③リヨンの皇帝礼拝祭司の奉納碑文

2. 顕彰碑文 ... 212
①アッピウス・クラウディウス・カエクスの事績を伝える碑文／②ドゥイリウスの「コルムナ・ロストラタ」碑文／③トラヤヌス帝の記念柱／④セプティミウス・セウェルス帝の凱旋門／⑤ガリア討伐軍がクラウディウス・ゴティクス帝に捧げた碑文／⑥コンスタンティヌス帝の凱旋門

3. 建築碑文 ... 224
①オスティアの運河開通記念碑文／②マッジョーレ門の碑文／③アッピア街道の第一里程標／④パンテオンの碑文／⑤コロッセオの修復を伝える碑文

4. 墓碑 ... 234
①「スキピオ家の墓所」のルキウス・コルネリウス・スキピオの墓碑／②トイトブルクの森の戦いで死んだ兵士の墓碑／③ヘルモドルスの墓碑／④パルミラの三言語併用墓碑／⑤238年の「革命」での死者の墓碑／⑥マクタールの収穫夫の墓碑

5. 法・決議碑文 ... 246
①「バッカナリアに関する元老院決議」碑文／②神君アウグストゥス業績録／③ウェスパシアヌス帝の命令権に関する法／④バナサ青銅板／⑤ディオクレティアヌス帝の最高価格令

6. グラフィティ・日用品、その他 ... 256
①「黄金のフィブラ」刻文／②剣闘士興行の広告文／③メムノン像のグラフィティ

あとがき	262
主要参考文献	264
年表	268
ローマ帝国地図	274
図版一覧	276

序論
ローマ市街の碑文を歩く

❶ ローマ国立博物館（ディオクレティアヌス浴場）
　「トゥリアの称賛碑」

❷ ローマ国立博物館（マッシモ宮）
　碑文カタログ4-③

❸ カピトリーニ美術館
　「執政官暦」
　碑文カタログ1-②
　碑文カタログ2-②
　碑文カタログ5-③

❹ トラヤヌスのフォロ
　碑文カタログ2-③

序論　ローマ市街の碑文を歩く

　イタリアのあちらこちらを旅するときには、私は列車を使うことが多い。ローマから出発して、再びローマに帰ってくる。ローマの終着駅(テルミニ)に近づくと、列車の窓から古代の水道橋が迫ってくる。ああ、またローマに戻ってきたと思うと、なぜだかほっとするのである。崩れかけたレンガの柱が連なる水道橋の遺構を眺めながら、雨の少ない風土なのに豊かな水が運ばれた様を偲んでみるのだ。ほんの僅かばかりの傾斜をつけて水が流れるように工夫された土木技術の高さには、改めて驚かされる。市民一人あたりに、1日およそ1000リットルが給水されたという。水のもたらす恩恵は、人に安堵感を抱かせるのであろうか。

トゥリアの称賛碑

　さて、終着駅(テルミニ)を降りて、まずは荷物を預けることにしよう。身軽になって、駅構内のセルフサービスの食堂で昼食を済ませる。まずは円形道路の中心にある噴水が涼しげな共和国広場を目指して歩くのだ。広場の右側に立派なサンタ・マリア・デリ・アンジェリ教会が目に映る。古代にはディオクレティアヌス帝の浴場(テルメ)として建てられたが、16世紀に教皇ピウス4世によって教会に改築されている。この教会の正面からすれば奥手になる場所は、古代浴場の時代には入口であったらしい。そこは国立博物館となっており、数多くの墓碑、奉納碑などが、転がるかのように展示されている。
　一つだけ眺めてみよう。横40cm弱、縦60cm弱の碑文の断片があり、その最上段にある 'XORIS' なる文字が目を引く。これは最初の文字にVを補えば、VXOR（妻）の属格VXORIS（妻の）になる。しばしば「トゥリアの称賛」碑文と呼ばれている（*CIL* VI

序論　ローマ市街の碑文を歩く

トゥリアの称賛碑
（ローマ国立博物館（ディオクレティアヌス浴場）所蔵）

37053 = *ILS* 8393)。前44年のカエサル暗殺後の内乱期に、追放の憂き目にあった夫に何かと心を配る良妻の鑑のような女性が、感謝の想いをこめて讃えられている。この断片は、碑文全体のおそらく右段の上部であり、文章の途中になる。

　　（私の）妻の……
　　あなたはおびただしい装飾品を私の逃亡のために投げやりました。黄金や真珠をすべて自分の身から剥ぎとって私に手渡したのも、私をあなたの宝石で助けるためでした。巧みに敵の目を欺きながら、繰り返し奴隷や金銭や食糧で私を豊かにしてくれました。

　左段の最上段つまり碑文の冒頭でも、トゥリアの気丈な性格がうかがわれる。

> われわれが結婚するよりも前に、あなたは突然のごとく孤児になってしまいました。あなたの両親ともども孤愁の片田舎で殺されたのですから。でも、両親の死の仇をはらせたのも、ひとえにあなたのお陰というほかにありません。そのとき、私は（属州）マケドニアに出向いており、あなたの義兄は属州アフリカにあったのですから。

　夫と妻が助け合うといえば、当然のことに思える。だが、現実になれば、それほど甘くはない。まして夫が苦境の身になれば、しばしば妻は途方にくれる。だが、妻トゥリアは涙を流し泣きぬれているだけの女性ではなかった。「巧みに敵の目をあざむきながら」、夫を支え続けたのである。その毅然とした心意気に感涙にむせぶ夫。どうしても感謝の念を綴らざるをえない夫の姿が胸を打つ。

S. P. Q. R.

　さて、おびただしい数の碑文にあふれる博物館を出て、また共和国広場に戻る。そこから、市街地を西に5分ほどやや降りかげんに歩くと、バルベリーニ広場が見えてくる。ここはクイリナーレの丘とピンチョの丘の谷間になる。この広場には法螺貝を吹く半人半魚のトリトンの彫像があり、貝口から泉水がほとばしっている。その美しい噴水を眺めやりながら、北西方向へ坂道のシスティーナ通りを登っていく。この通りに限るわけではないが、ローマの街路にあるマンホールの蓋にはしばしば見かける4文字がある（口絵参照）。いわゆる略号なのだが、その意味を知るにはローマ人の国家の成り立ちから振り返ってみなければならない。

　ローマの建国は紀元前のはるか昔にさかのぼる。牝狼に拾われた双子の兄弟ロムルスとレムスは、拾われた場所に新しい都を建てることにした。ロムルスはパラティーノの丘を選び、レムスはアヴェ

序論　ローマ市街の碑文を歩く

ンティーノの丘を選んだ。どちらが新都の支配者となるべきか、その決定は鳥占いの神意に仰がれた。曙の光のさすころ鷹が現れ、アヴェンティーノの丘には6羽、パラティーノの丘には12羽がとまる。神意はこの地の支配者にロムルスを選んだのである。

　ロムルスは2頭の牛に引かせた犂で都の聖域（ポメリウム）を決め、その周囲に壁を巡らした。神意の賭けに不満だったレムスはその壁を飛び越えて壊してしまう。怒ったロムルスはレムスを殺し、聖域を侵す者は死刑に処すると宣告した。支配者となったロムルスにちなんで、この都市はローマと名づけられたという。この伝説上の出来事は紀元前753年4月21日のこととされる。今でもこの日は、ローマの住民にとって永遠の都の誕生を祝う祭日なのである。

　ローマ人が話すラテン語では、集落としての都市のことをウルプス（urbs）と呼んでいた。英語にアーバン（urban）とかサバーブ（suburb）とかいう言葉があるのは、そこに由来する。その都市とはローマにほかならなかったし、都市すなわちローマであった。だが、ローマは周辺諸国を征服し、やがてイタリア半島のみならず、地中海沿岸の全域をも支配下に治めてしまう。こうした時を経て、ウルプスは都市という一般の呼称であるとともに、首都ローマを指す特別の呼称にもなった。

　今日でもこのウルプスを訪ねると、あちらこちらで、下記の4文字を目にする。

S. P. Q. R.

　マンホールの蓋だけではなく、市の公示板に、はては落書きにまで登場する。いわく「ゴミを捨てるべからず！ S. P. Q. R.」。これこそローマ人がみずからの国家を指すために用いる略号であった。その意味するところはSenatus Populusque Romanus（ロー

マの元老院と民衆）である。

　もちろん、今どき見かける表示は、現在の住民が冗談半分に書き記したもの。でも、市役所管轄のマンホールの蓋にも刻まれているのだから、まんざら冗談だけではすまない。現代日本になぞらえれば、東京都のマンホールのふたに「大日本帝国」とあったり、奈良市の公示版に「不燃ゴミの収集は月曜日のみ！大和朝廷」と書いてあったりするようなものだ。生真面目な日本人なら顔をしかめるだろうが、陽気なイタリア人はいたって涼しげである。というよりも、イタリア人にとって偉大なるローマ帝国はやはり今でも誇りなのだろう。

神君アウグストゥス業績録

　ところで、システィーナ通りの坂道を登ると、名高いスペイン階段の上に出る。ここにはピンチョの丘の三位一体教会（トリニタ・ディ・モンティ）があり、会堂前にはオベリスクがそびえている。エジプトを征服したローマ人がそこから運んできた方尖塔であり、ローマ市街には13ないし14本のオベリスクが立っているという。もっとも、本当にエジプト由来のオベリスクかどうか疑わしいものもあるらしい。

　石段の両側に観光客が憩う階段を降ると、破船の泉（バルカッチャ）のあるスペイン広場に立つ。この広場の正面にまっすぐ延びるコンドッティ通り。グッチ、プラダ、ヴィトンなどのブランド品の店舗がずらりと軒を並べる。その通りをぶらぶら歩き、コルソ通りを横切って右斜めに折れると、テヴェレ川の堤が見えてくる。その右手前に、大きな円形の古墳のような遺跡が下層の地面上にどっしり姿を現す。それが初代皇帝アウグストゥスの霊廟である。アウグストゥスとは「尊厳なる者」の意をもつ称号である。紀元前27年、それは百年にわたる内乱を平定したオクタウィアヌスに与えられた。

　アウグストゥス帝は紀元14年、76歳で死んだ。そのとき遺書を

序論　ローマ市街の碑文を歩く

アウグストゥス廟

アラ・パチス

残し、自分の業績録を青銅板に刻んで霊廟の入り口に置くように指示している。原本そのものは失われてしまったが、その写しが各地に残存していたので、ほぼ全文を知ることができる。幸いなことに、この「神君アウグストゥス業績録（Res Gestae Divi Augusti）」

ベルトルッチ監督「暗殺の森」（1970年）の一場面

の碑文は、霊廟に隣り合う平和の祭壇（アラ・パチス）を収めた建物の土台壁面に再現されている。この碑文は、皇帝自身による記録という点でこの上なく重要であり、「碑文の女王」としても名高い（第2章第1節参照）。

ところで、この碑文は思わぬところで姿を見せる。ベルナルド・ベルトルッチ監督「暗殺の森」（1970年公開）は、1930年代のファシスト支配を背景に、ファシズム、倒錯、暗殺をめぐる頽廃と狂気を描いた映画である。この中で、主人公のマルチェッロが黄色い薔薇の花束を手に持って壁に沿ってすたすたと歩いていく場面がある。とりわけ印象深いのは、その壁にラテン語の文字がびっしりと刻まれていることである。ファシズム体制下の1938年、ムッソリーニは、発掘されたばかりの平和の祭壇（アラ・パチス）を収める建物を現在と同じ場所に建設させ、その土台となる外壁に「神君アウグストゥス業績録」を再現させた。この場面は、ムッソリーニがファシズム体制を正当化するためにアウグストゥス帝の偉業を利用していたことを象徴的に描いている。

序論　ローマ市街の碑文を歩く

　さて、この碑文の中でもとりわけ重要な箇所は、皇帝自らが自分の地位について記した部分であろう（「業績録」34）。それは碑文の結論部に刻まれている。まずラテン語原文を挙げるが、古代には小文字はなく、大文字で書かれていることに注意してもらいたい。

POST ID TEMPVS AVCTORITATE OMNIBVS PRAESTITI POTESTATIS AVTEM NIHILO AMPLIVS HABVI QVAM CETERI QVI MIHI QVOQVE IN MAGISTRATV CONLEGAE FVERVNT

これ以後、余は権威において万人に優越していることがあっても、権力に関しては、余とともに公職にある同僚たちより優れた何ものをも、保持することはない。

　ここで注目されるのは、何より皇帝自らの主張である。権力（potestas）にあってはほかの高官たちと何ら異なるところはないが、権威（auctoritas）において人並み優れたものがある、と皇帝自身が自負するのである。この背後には、ローマ社会特有の保護者（patronus）と被護民（clientes）からなる親分子分のごとき人間関係が潜んでいる。それらの重層化したピラミッド型の人間関係の頂点に立つのが元首であると言いたいのだ。

　というのも、ローマは5百年にわたって曲がりなりにも共和政を保持してきたのである。独裁政を嫌うことはローマ人の血と肌に根深く染みつくことだった。そのために、政敵を斥け絶大な権力を誇ったカエサルすらも暗殺されてしまった。カエサルの後継者となったオクタウィアヌスすなわちアウグストゥス帝は、その轍を踏まないように配慮するしかなかった。だから、彼は自ら君主あるいは皇帝などと名のる愚をなすことはない。あくまで共和

政の建前を遵守しながら、ローマ市民の中の第一人者（元首）であるとしか述べないのである。つまり、権力者としては大それたものではないが、権威者としては抜きん出ているという姿勢なのだ。つまるところ、皇帝の権威こそがローマの栄光の核心にある、と統治者自らは考えていたのである。

その栄光のために、アウグストゥス帝は「ローマをレンガの街として引き継ぎ、大理石の街として後世に引き渡した」と語ったと伝えられている。彼はローマの大改造に乗り出したのである。

パンテオン

さて、レプリカの長大な壁碑を離れてコルソ通りに戻り、南に下るとコロンナ広場に出る。マルクス・アウレリウス帝の記念柱を見上げながら、右斜めに狭い通りをたどると、やがて人だかり

パンテオン

序論　ローマ市街の碑文を歩く

の絶えないパンテオンに着く。よろずの神々を祭る万神殿の正面に細長く刻まれた碑文が目につく（碑文カタログ3-④参照）。

> **M(arcus) AGRIPPA L(uci) F(ilius) CO(n)S(ul) TERTIVM FECIT**
> **ルキウスの息子マルクス・アグリッパ、執政官3度、が建てた。**

　このアグリッパこそは、アウグストゥス帝の幼なじみにして側近中の側近であった。彼のごついほどの精悍な風貌は、絵画デッサンの対象となる石膏塑像として誰でも目にしたことがあるはずだ。最初この万神殿は、碑文にあるように、アグリッパによって建立されている。やがて火災で崩れ、後にハドリアヌス帝のときに、新たに再建された。今日、優雅な威容を誇る姿はハドリアヌス帝の治世のものである。だが、正面に掲げられた碑文はアグリッパ当時のものであるのだ。

　パンテオンの本堂は、直径も高さも43メートルの円筒形をなし、見上げれば円天井の真ん中に大きな穴が開き、そこから光がもれてくる。神々の上に位する太陽神を示唆するものであった。もともと内部の壁の窪みには神々や皇帝の像が置かれていたらしい。キリスト教が国教となる4世紀に封鎖され、その後には教会となった。現在では、聖書の預言者や聖人の像が飾られ、また、イタリア国王やラファエロらの墓などが置かれている。それにしても、この中にたたずむとき、その荘重な雰囲気にのまれながら、高度きわまるローマの建築技術には目を見張らざるをえない。

ファブリキウス橋

　パンテオンを出て、さらに南に下って歩く。15分ほど進むと、再びテヴェレ川が見えてくる。川沿いの大通りを横切って、大橋

を渡りながら、左手に目をやる。川の流れがふた手に分かれ、中州が浮かぶ。樹木に囲まれた病院が立つ島であるが、なんとここには古代にも病院があったという。川向こうに出て、再び小さな橋を渡り、中州の島の中央部に到る。病院の入口があり、そこを通り越してさらに小さな橋を渡る。この橋は湾曲をなしており、歩行者しか通れない。そもそも前62年に創建された古代の橋なのである。創建者の名にちなんでファブリキウス橋（ファブリチオ橋）と呼ばれる。川の左側の土手に沿って階段が設置されており、この橋の創建をめぐる碑文が眺められる（*CIL* I 751）。

L(ucius) FABRICIVS G(ai) F(ilius), CVR(ator) VIAR(um), FACIVNDVM COERAVIT
ガイウスの息子ルキウス・ファブリキウスは道路監督役として建造を指揮した。

この橋には三つのアーチがあり、両側の大アーチの下を水が流

ファブリチオ橋

序論　ローマ市街の碑文を歩く

れる。中央には小アーチがあり、基底部は石造の土塁になっている。上記の碑文は大アーチの表裏に、つまり4面に同じ碑文が大きな文字で刻まれている。ほかにも、小アーチの北面と南面に下記のように刻まれた小文がある。

　（北面）　IDEMQVE PROBAVIT
　　　　　そして同人が是認した。
　（南面）　EIDEMQVE PROBAVEIT
　　　　　そして同人が是認した。

　同じ内容なのだが、北面では「I」の一文字で、南面では「EI」の二文字で刻まれている。古い表記が正字法として意識されていたためだろうか、はなはだ興味深いものがある。というのも、「I」が近ごろ流行の書き方であるようだが、もともとは「EI」と正しく記すべきである、とでも語っているかのようであるからだ。

　さらに、大アーチには、小さな文字で下記のような碑文が両面に判読できる。

Q(uintus) LEPIDVS M(anii) F(ilius) M(arcus) LOLLIVS M(arci) F(ilius) CO(n)S(ules) EX S(enatus) C(onsulto) PROBAVERVNT
マニウスの息子クィントゥス・レピドゥスとマルクスの息子マルクス・ロッリウスが執政官として元老院決議に基づき是認した。

　これに対応するもう一方の碑文では、執政官の名前順が逆になっている。これらの執政官は前21年のものであるが、その年に修復されたか、最終的な工事の完了を記したかであろう。
　中世には、この橋は周辺がユダヤ人街だったところから、ユダ

ヤ人橋と呼ばれていたらしい。その後は、ポンテ・デイ・クアットロ・カピ（4頭の橋）と呼ばれるようになった。古代の橋に備わっていたという欄干にある4つの頭をもつヘルメス柱像に由来するという。もっともこの由来も16世紀の書物に伝えられていることであるが。

執政官暦

　さて、ファブリキウス橋をあとにして、東に向かうと、やがてカンピドリオの丘が見えてくる。階段を登って丘上にある美術館にたどり着く。そこには、名高い伝説の牝狼の彫像を始めとして、数多くのローマ美術の遺品がまるで宝庫のごとく収められている。

　碑文の散歩をするには、ここにある歴代の執政官名を記した執政官暦（Fasti Consulares）は必見ものである。先ほど前21年の執政官であるレピドゥスとロッリウスを挙げておいた。この暦があるから、両名が執政官を勤めたのが前21年と分かるのである（第1章第2節参照）。

　大きな壁の全面に、毎年2人しかいない執政官の名前が赤字で記されている。数百年に及ぶのだから、びっしり書き詰められている。この中でも注目されるのは、かの偉大なるカエサルの名前が書かれている箇所である。あまりにも名高いカエサルだが、実権をもっていた期間はたった5年しかなかった。だから、後継者のアウグストゥス帝と異なって、自分の事績を碑文に刻む余裕などはほとんどなかった。この執政官暦にあるCAESARの文字はカエサル自身と同時代のものとして、比類のない生ものではないだろうか。世界史上の傑物であるから、貴重な残存物であるし、碑文ならではの記録である。

　ローマの年号は、慣例では執政官両名の名前で表す。だが、カ

序論　ローマ市街の碑文を歩く

エサルが初めて執政官になった前59年は「ユリウスとカエサルが執政官の年に」と言って、当時のローマ人はふざけたらしい。というのも、同僚執政官のビブルスはあまりにも力量が違いすぎていた。不吉なお告げなどを持ち出してヘマだらけだし、あげくの果てに自宅に閉じこもってしまったという。だから、すべてをカエサルが取りしきっていたも同然ということであり、この年をカエサルの氏族名と家族名を並列して面白がっていたのであろう。そのような史伝のエピソードを思い出しながら、この記録を読めば興味は尽きないのだ。

　ところで、この美術館には、ほかにも、おびただしい重要な碑文が保存されている。例えば、ウェスパシアヌス帝の支配権を宣言した碑文がある。彼はネロ帝死後の内乱を平定し、新しく血筋の全く異なるフラウィウス家の王朝を築いた。そのことを公言したのだから、ひときわ際立つ歴史上の出来事なのである（第2章

執政官暦　レピドゥスとカエサルの名前が見られる箇所（カピトリーニ美術館所蔵）

第2節参照)。それらの碑文が残っていることに後ろ髪を引かれつつ、カンピドリオの丘を降りることにする。

コンスタンティヌス帝の凱旋門

カンピドリオの丘からも一望できるのが、古代ローマの目抜き通りともいえるフォロ・ロマーノ(ローマの広場)である。この広場のあたりには、かつては壮麗なる神殿、バシリカ(集会所)、演壇、議事堂、凱旋門などが立ち並んでいた。その絢爛たる情景はローマ帝国の威容を人々に否応なく焼きつけたのである。

残念ながら、今日、それらの遺構はもはや昔日の華麗な姿を留めてはいない。しかし、その空間にたたずめば、空前絶後の世界帝国のまぎれもない中心にあることに胸が締めつけられる思いがするだろう。この空気を、ローマの英雄であるスキピオも、グラックス兄弟も、スッラも、ポンペイウスも、カエサルも、ハドリア

カピトリーニ美術館から眺めたフォロ・ロマーノ

序論　ローマ市街の碑文を歩く

ヌス帝も、コンスタンティヌス帝も吸ったのだという思いに浸る。ただそう感じるだけで、ローマの栄光が蘇ってくる気がするのだ。

　フォロ・ロマーノの遺構の中でも、保存度の良さのためか目立つのが凱旋門である。セプティミウス・セウェルス帝の凱旋門、ティトゥス帝の凱旋門があり、さらに広場の外には、巨大なコロッセオ（円形闘技場）の隣にコンスタンティヌス帝の凱旋門がある。これらの凱旋門には、皇帝たちの偉業を象徴する浮彫り細工とともに碑文が刻まれている。

　中でも最大規模を誇るコンスタンティヌス帝の凱旋門を見てみよう。ここは、かつて1960年のローマ・オリンピックのときに、マラソン競走のゴール地点であった。裸足のアベベ（エチオピアのランナー）が真っ先に駆けてきたのが、年配者には懐かしく思い出される。アベベは1964年の東京オリンピックも連覇したのだから、最大級の凱旋門に相応しい走者だったことになる。

　コンスタンティヌス帝の凱旋門は3つのアーチからなり、中央

コンスタンティヌスの凱旋門

の大アーチの両側に小アーチが並んでいる。この大アーチの上に碑文が刻まれている（第3章第2節および碑文カタログ2-⑥参照）。

> IMP(eratori) CAES(ari) FL(avio) CONSTANTINO MAXIMO
> P(io) F(elici) AVGVSTO S(enatus) P(opulus)Q(ue) R(omanus)
> QVOD INSTINCTV DIVINITATIS MENTIS
> MAGNITVDINE CVM EXERCITV SVO
> TAM DE TYRANNO QVAM DE OMNI EIVS
> FACTIONE VNO TEMPORE IVSTIS
> REM PVBLICAM VLTVS EST ARMIS
> ARCVM TRIVMPHIS INSIGNEM DICAVIT
> インペラトル・カエサル・フラウィウス・コンスタンティヌス、偉大であり敬虔にして幸運なるアウグストゥスに対して、神的なるものの導きによって、卓越した精神により、自ら軍を率いて正しき武力で国家を暴君からも、そしてその党派のいずれからも一斉に解放したので、ローマの元老院と民衆が、凱旋行進で装飾した記念門を捧げた。

　これは奉献碑文の態をなしており、奉献者はまぎれもないS. P. Q. R. つまり「ローマの元老院と民衆」である。312年秋、コンスタンティヌスがミルウィウス橋の戦いで政敵マクセンティウスを破ったのを祝賀したものである。この勝利に先立つローマ進軍中に、天高く光り輝く十字架の勝利の証しが現れ、「汝これにて勝て」という文字が付加されているのをコンスタンティヌス自らの眼で見たという。このエピソードはあまりにも名高いし、碑文中の「神的なるものの導き」（instinctu divinitatis）とはそれを暗示しているのかもしれない。真偽のほどはともかく、翌年、いわゆ

る「ミラノ勅令」によってキリスト教が公認されている。パンテオンに象徴される多神教世界から唯一神をあがめる一神教世界への第一歩が踏み出されたのである。世界史を画する出来事を表象した記念物として見れば、その威容もひときわ身にしみるものがある。

ケスティウスのピラミッド墓碑

　この凱旋門の隣にあるのが、コロッセオである。ローマに残る数々の遺跡の中でも、やはり巨大な円形闘技場こそは大帝国の威光を象徴するものであろう。中世には石材提供場となったとはいえ、昔日の壮麗なる大建築はその面影を残して余りある。かつて「コロッセオが倒れるとき、ローマは倒れる。ローマが倒れるとき、世界は滅びる」とまで言われた。だから、コロッセオが持ちこたえている限り、観光帝国イタリアの要をなすローマも永遠の都として滅びることがないのかもしれない。

　このコロッセオを背にして、右手に皇帝たちの宮殿があったパラティーノの丘、左手にチェリオの丘を見ながら南に歩くと、ほどなくチルコ・マッシモ（大競走場）が見えてくる。彼方にはかすかにカラカラ浴場跡も眺めることができる。でも、右手に迫るアヴェンティーノの丘の麓に沿って南西方向にひたすら足を運んでいく。やがて、271年に着工されたアウレリアヌス帝の城壁の一角をなすサン・パオロ門が見えてくる。ここは古代にはオスティア門と呼ばれ、ここから古代の外港オスティアに通じる市外の街道が走っている。

　このサン・パオロ門を横目に見てオスティエンセ広場に立つと、大きなピラミッド型の墓（ガイオ・チェスティオのピラミデ）が目に入る。このピラミッドは30メートル以上の高さがあり、白い大理石の角塊が重ねられている。その西面の中ほどに大きな文字

ガイオ・チェスティオのピラミデ

の墓碑を読みとることができる（*CIL* VI 1374）。

G(aius) CESTIVS L(uci) F(ilius) POB(lilia tribu) EPVLO PR(aetor) TR(ibunus) PL(ebis) VIIVIR EPVLONVM
ルキウスの息子にしてポプリリア区民ガイウス・ケスティウス・エプロは、法務官、護民官、聖餐七人役を務め、［ここに眠る］…。

　墓碑にあるガイウス・ケスティウス・エプロは、おそらく前12年以前に永眠した。それと知れるのも、このピラミッドの前に2つの彫像の基壇が残っていたからである。そこには故人の相続人たちの名前があり、その中にアウグストゥスの右腕アグリッパの名前も見える。アグリッパは前12年に逝去しているのだから、ケスティウスの死はそれ以前ということになる。碑文の些細な内容

序論　ローマ市街の碑文を歩く

からだけでも、確実な情報を手に入れることができるのである。

　反対側にある碑文には「この工事には330日を要した」と記されているのが興味深い。これだけの財力をもつ大富豪だったのだから、相続人は遺言通りにピラミッドの墓を建造したのである。

　ここまでもっぱら徒歩での碑文の散策だった。終着駅(テルミニ)からピラミデまで、ローマ市街をざっとS字型に歩いてきた。碑文を読みながらの散策だから、たっぷり5時間はかかった。足が棒のように硬くなってきた気がする。でも、ローマ市街にあるラテン語碑文を見て歩いたのだから、ローマ史がことさら身近なものに感じられる。生の素材に触れながら、歴史を体感するのも悪くない。
　とはいえ、陽も落ちかげんになってきた。ここからは地下鉄で帰ることにしよう。ピラミデ駅から、チルコ・マッシモ、コロッセオ、カヴールを経れば、終着駅(テルミニ)に着く。

（本村凌二）

第1部
碑文でたどるローマの歴史・社会

南フランス、ニームのポン・デュ・ガール水道橋

＊本文中、以下の碑文集は略記を用い、巻数はローマ数字で記載した。詳細については巻末「主要参考文献」を参照のこと。

AE = L'année épigraphique
CIL = Corpus Inscriptionum Latinarum
ILCV = Inscriptiones latinae christianae veteres
ILS = Inscrptiones Latinae Selectae
RIB = The Roman Inscriptions of Britain

＊碑文のラテン語テキストの表記については、「第2部碑文カタログについて」を参照のこと。また、訳文中の丸括弧内は筆者が適宜補ったものである。

第1章
たちあがるローマ

　本章では、古代ローマの歴史を、建国から前44年のカエサルの暗殺まで、関連するラテン語碑文に触れながら、通史的にたどる。

　今に伝わるラテン語碑文は、ローマの支配が及んだ広大な領域から発見されており、数十万点もの膨大な数に上っている。そしてその数は、現在も増加を続けている。しかし、そのうち、本章で扱う時代に製作され、今に残るラテン語碑文の点数は、2千点程度と非常に少ない。これは、ローマの覇権確立以前、ローマ人の言語であるラテン語以外にも、例えばイタリア半島にはエトルリア語、サベッリ諸語（オスク語、ウンブリア語他）、ギリシア語など、様々な異言語を使用する言語集団が存在し、ラテン語は長らく比較的「劣勢」に立たされていたという状況を反映している。本章では、こうしたラテン語以外の言語にも注意を払い、その実例も示す。

　そのような中、古代ローマ人自らの手による歴史叙述が開始されたのは前200年頃とされ（ただし、当初はギリシア語が用いられた）、そこからさらに時間をさかのぼるローマ最初期の歴史は、史実と伝説の糸がほぐしがたく絡まりあう「伝説の時代」である。初期ローマの歴史再構成には、伝説の中から注意深く史実の核を取り出していく作業が必要となる。それでも、我々の目から見て史実性に難があるように思えるこうした伝説も、古代社会の中で人々にしっかりと根づき、歴史や社会を動かしていく原動力ともなりうることが、本章の中で確かめられることだろう。

第1部 碑文でたどるローマの歴史・社会

第1節　伝説の時代

ラテン語碑文とローマの歴史

「ローマの建国」は前753年のこととされている。とは言うものの、実はその当時のローマ人が自分たちの言語、つまりラティウム地方の「ラテン語」で自ら書き記した文字記録は何一つ残っておらず、ローマの最古期は数百年後の人々に残る伝承によってのみ知られる「伝説の時代」である。こうした中、ローマ人（ラテン語話者）自身が書き記した最古の史料とされてきたのが、「黄金のフィブラ」と呼ばれる遺物上の文字列だ。10cmほどの金のブローチに、26個の小さな文字が刻まれている（碑文カタログ6-①参照）。

　　マニオスが私（ブローチ）を、ヌマシオスのために作った。

　ブローチ自身が読み手にそう語りかけてくる。アルファベットの形状は前7世紀、ラテン語話者たちが初めてイタリアの先進民族エトルリア人たちを通じて学び取った当時の古い形だ。文字を知ったばかりの人々が、どんな気持ちで文字を眺め、何を思いここに刻み込んだのだろう、と想像が膨らむ。しかし、ラテン語碑文を扱う書物の冒頭を飾ることの多いこの碑文には真贋論争が付きまとっており、19世紀の非常に良くできた贋作であるというのが、今のところ有力な見解だ。ただその真贋論争の行方にかかわらず、初期のラテン語碑文はこの例のように、ほとんどが身の回り品に名前などを書き付けた簡素かつ個人的なものだ。その情報をローマ史再構成に役立てるのは容易ではない。多少なりとも歴史的に意味ある情報を伝えてくれている最古の碑文となると、フォロ・ロマーノにある「黒い石」（ラピス・ニゲル）という舗装石の下から発見された

第1章　たちあがるローマ

フォロ・ロマーノの「黒い石」碑文

ラテン語碑文がある。

　前6世紀の作とされ、高さ約60cmの四角柱の各側面に4行ずつ、左から右への正対文字列の次には右から左への鏡文字列、次いでまた左から右への正対文字列といった順番で、16行にわたって文字が刻まれている。こうした文字列の進行は、牛に引かせた犂で畑を耕すのに似ていることから「牛耕式（ブーストロペドン）」と呼ばれている。

　破損箇所が多く悩ましいが、文字の連なりの中に「神に聖なる（sakros）」、あるいは「王に（regei）」といった単語を読み取ることはできそうだ。どうやらここローマの地には前6世紀、何らかの宗教的機能を帯びた「王（rex）」と呼ばれる人がいたらしい。

　ただし碑文からはこれ以上、この「王」が何者なのかが分からない。まずは伝えられる伝承を頼りに、とりわけそこに関わるラテン語碑文の文言に注目しつつ、ローマの歴史をたどってみよう。

第1部 碑文でたどるローマの歴史・社会

ローマの建国伝説

　ローマの建国説話は、成り立ちの異なる二つの物語から構成されている。一つはアエネアス、もう一つがロムルス（次項参照）を主人公とする物語だ。アエネアスは、東地中海を舞台とした伝説の大戦争「トロイア戦争」にトロイア方に立って参戦した、女神アフロディテ（＝ウェヌス（ヴィーナス））を母に持つギリシア神話の英雄（半神）である。ギリシア連合軍との10年にわたる戦争の末、トロイア市は結局「トロイの木馬」の計略により陥落、炎上する。そのときアエネアスは老いた父を背負い、まだ小さな息子の手を引いて燃えさかるトロイアの町を脱出。古代人はこれを、かつて起きた本当の出来事であると信じていた（紀元前1184年というのが有力な説）。

　こうして落ち武者となったアエネアスらの遍歴や、ギリシア方の英雄たちの帰国譚は、各地の語り部たちに格好の題材を提供したようだ。後の地中海世界には、「トロイア伝説」を共有し、自分たちの起源説話をその伝説の環の中に組み込む諸都市・諸民族の遍在する、広大な文化共有圏が成立することになる。そのような世界の中で、最終的にアエネアスの終の棲家とされたのがイタリア半島の中央部、ローマ市のあるラティウム（現ラツィオ）地方である。

　伝説は、アエネアスが現地の勢力と和を結びかつ戦い、ラウィニウム市を建設してイタリアに定着したと語る。そしてアエネアス亡き後、息子のアスカニウスが近隣にアルバ・ロンガという町を新たに作り、その地の王となったとも伝えている。さてこのアスカニウスは、ローマの歴史の中で特殊な役割を果たしている。ローマの建国説話が語り継がれる中で、伝説の中にいつからか「ユルス」という名前が紛れ込み、このユルスはアスカニウス（またはその息子）と同一視された。ローマの一氏族「ユリウス氏」は

のちにユルスを自らの氏族の祖とし、自分たちの血筋がユルスを通じてアエネアスに、さらにその母ウェヌス女神につながると主張する。本章の最後で、このユリウス氏族に属する人物に出会うことになろう。

ローマ王政の開始

　それから数百年、アスカニウスの子孫たちが代々アルバ・ロンガ市の王位に就く。そして王家にロムルスとその弟レムスが生まれるとき、トロイア伝説とローマの建国説話が接続する。兄弟の母は、処女性を義務づけられた聖なるウェスタの巫女。二人の父について、伝説はマルス神であったと語っている。兄弟は王家の王位争いに巻き込まれ、生まれてすぐに遺棄されてしまうが、牝狼の乳を口に含んで何とか生き延びる。二人は王の牧人に拾われて成長すると、自らの出自を知りアルバ・ロンガに戻って復讐を果たす。しかしそのまま故郷に留まることはなく、自分たちが牝狼に救われた地に新たな町を築くことにする。これが「ローマの建国」だ。その日は後世、前753年4月21日と定められ、ローマ市では「建国記念日」が祝われた（序論「ローマ市街の碑文を歩く」参照）。

　伝説は弟レムスを早々に退場させ、兄ロムルスがローマ初代の王位に就く。伝説の伝える、ロムルスに続く6人の王の名前（第2代ヌマ・ポンピリウス、第3代トゥッルス・ホスティリウス、第4代アンクス・マルキウス、第5代タルクィニウス・プリスクス、第6代セルウィウス・トゥッリウス、第7代タルクィニウス・スペルブス）や、これら王たちに帰せられた事績にどれほどの史実性があるのか、現代を生きる我々はどうしても疑いのまなざしを向けてしまう。しかし当のローマ人にとってそれは、紛れもない真正な「歴史」であったことが、次のラテン語碑文から理解できる。

第1部　碑文でたどるローマの歴史・社会

　前1世紀末にローマの初代皇帝アウグストゥスが製作させた、「凱旋将軍暦（Fasti Triumphales）」と呼ばれる碑文が知られている（*ILS* 69）。これは戦勝将軍にのみ許された、ローマ人にとって人生最高の栄誉である「凱旋式」を挙行した人物の名前、日付、敵の名を記録したものである。その記載は次のように始まる（以下、中略あり）。

> マルス神の息子ロムルス王、ローマ建国から1年、カエニナ人に対する勝利により（凱旋式を挙行）。3月1日。
> アンクス・マルキウス王…　ローマ建国から？年、サビニ人とウェイイ人に対する勝利により…。
> ダマラトゥスの息子ルキウス・タルクィニウス・プリスクス王、ローマ建国から155（+ α）年、ラテイウム人に対する勝利により、7月1日。
> セルウィウス・トゥッリウス王、エトルリア人に対する勝利により。11月25日、ローマ建国から182年。
> プリスクスの息子にしてダマラトゥスの孫ルキウス・タルクィニウス・スペルブス王、ローマ建国から？年、ウォルスキ人に対する勝利により…。

　そしてこの下には700行近くにもわたり、前753年から前19年までの約730年間、ローマ市で凱旋式を挙行した栄誉ある将軍の名前と日付が、同様の書式で、ただひたすら連綿と書き連ねられていく。伝説的なローマ初代の王ロムルスはマルス神の息子と明示され、ローマ史上最初に凱旋式を行った人物としてこの表の一番上に鎮座している。これを見るローマ人に対し、マルス神の子であるロムルス王や続く諸王は、自分たちの歴史のスタート地点に位置する、まごうことなき歴史的人物として提示されているのである。

第2節　共和政ローマの誕生と成長

共和政の誕生

　伝承によれば前509年、ローマ第7代タルクィニウス・スペルブス（傲慢）王が、ルキウス・ユニウス・ブルトゥスを中心とするローマ市民によって追放され、ここにローマは、王のいない体制、すなわち「共和政（res publica）」のもとで新たな歴史を歩み始める。

　伝承はさらに共和政初年度、追放された王に代わって「執政官（コンスル）」と呼ばれる、一年任期、二人同僚制の公職団が設立され、王の追放に最も貢献したルキウス・ユニウス・ブルトゥスら二人が、初代の執政官に就いたと伝える。さて、上で取りあげた「凱旋将軍暦」と同じ頃、同じくローマ初代皇帝アウグストゥスがフォロ・ロマーノに設置させた「執政官暦（Fasti Consulares）」碑文が残されている（序論「ローマ市街の碑文を歩く」参照）。

　そこにはこの前509年から500年以上にわたる、各年二人ずつ就任した執政官など最高位公職者の名前や、その年々に起こった事件についての簡単な注記などが、こちらも連綿と羅列されて刻まれている。ローマ人は年を特定するとき、通常「〜と〜が執政官であった年」という紀年表現を用いた（西暦紀元〜年という言い方はまだない）。だからこの碑文には、確かに暦としての実用性も備わっている。

　しかし実のところ、共和政をスタートさせたローマには当初、「執政官（コンスル）」ではなく「プラエトル・マクシムス」という最高公職者が任命されたとの別伝も存在する。「先頭に（prae）＋進む人（itor）」と分解すれば、「プラエトル」がもともと軍指揮官を意味していたと解釈でき、好戦的なコミュニティの単独最高指導者として相応しい称号となるため、単なる別伝として無視す

ることは難しい。すると、ルキウス・ユニウス・ブルトゥスらの実在性・史実性をも問題としなければならず、伝説に彩られた共和政開始当初のローマの歴史にははっきりしない部分が多い。しかし、こうした伝説はローマ社会の中にしっかりと根を張り、現実の歴史を動かす力ともなりうるのだ。その実例を、本章の最後で目にすることになるだろう。

「身分闘争」の時代

　ローマの伝承は続く時代を、対外的には数多くの周辺部族からの脅威にさらされる一方、市内では元老院に集い公職を独占する貴族（パトリキ）と、平民（プレプス）、つまり元老院に参加することができず公職にも就けず、借財などで経済的にも困窮する人々が相争う「身分闘争」が展開される、内憂外患の時代として描き出している。

「身分闘争」の最初の山場は前494年、平民たちがローマ近郊の「神に聖なる山（モンス・サケル）」に一斉退去した事件である。貴族たちの懸命な説得が実を結び、平民たちは何とかローマ市への復帰に同意する。その際の条件が、ローマ市内での「身体の神聖不可侵」を認められた平民代表者の選出であった。こうして選ばれたのが「護民官（tribunus plebis）」である。

　平民たちは護民官を先頭に押し立ててさらに貴族への攻勢を強め、今度は貴族による法の独占を打ち破ろうと運動を進める。そして前451年、ついに「十表」からなる法がまとめられ、翌年さらに「二表」が追加されて全部で「十二表」からなる法、すなわち「十二表法（Leges Duodecim Tabularum）」が青銅板に刻まれ、公示されたと伝えられる。残念ながら「十二表法」そのものを刻んだ青銅板碑文は発見されていない。それでもその重要性ゆえに後世の文学作品、法史料の中に多くの引用が残されており、そこ

から法の全貌はおおむね再現されている。公開された「十二表法」の中で最も問題となったのが、その第11表1項、すなわち「平民と貴族との間には通婚権がないように」との規定であった。平民と貴族の結婚を禁じたこの条文をめぐりさらなる混乱が生じ、ようやく前445年、護民官カヌレイウスによる「カヌレイウス法」によってこの規定は廃止される。こうして前5世紀の「身分闘争」における二つ目の山場が越えられたのだった。

アッリア川の屈辱

　一方で前396年、ローマの対外関係史にも大きな転機が訪れる。長年にわたり抗争を続けてきたエトルリア人の有力都市の一つ、ローマの北東15kmに位置するウェイイの町を、ローマ軍が初めて陥落させることに成功したのだ。ついに、ローマの北に広がるエトルリア人の世界へと視界が開けた。市内ではまだ「身分闘争」が継続していたものの、豊かなウェイイの持つ広大な土地をも手に入れたローマの前には、良好な未来が広がっているとも感じられたことだろう。

　しかし、歴史とは皮肉なものである。ローマの伝承によれば前390年のこと。突然イタリア半島の北にそびえるアルプス山脈の向こうから、ガリア人の大集団がイタリアに侵入、ローマ市にも襲来した。ローマ軍は市近郊の「アッリア川」の岸辺でガリア人を迎え撃つが、全滅に近い大敗北を喫してしまう。その後ガリア人はローマ市へと入城。7ヶ月にわたってローマ市を占領下に置いたと伝えられる。

　この出来事の衝撃は、ラテン語碑文にもしっかりと残されている。ローマ近郊の町アンティウム（現アンツィオ）で、第2代王ヌマが制定したと伝えられる、ローマ共和政期に使用されていたカレンダー、通称「ヌマの暦」を記した碑文が発見されている。

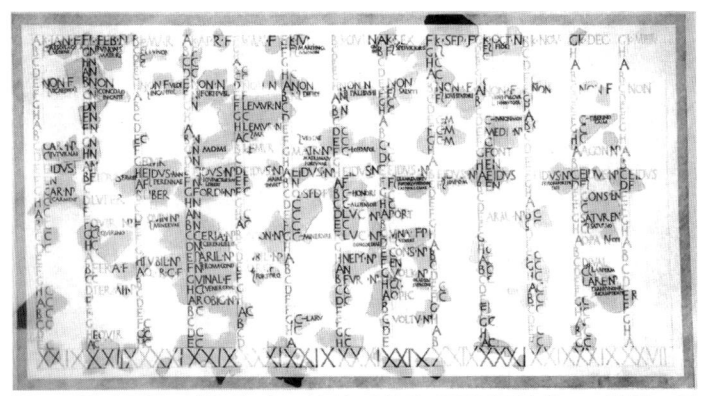

「ヌマの暦」左下部の4月21日のところには、ROMA COND(ITA)「ローマ建国」の記載もある（前節参照）

この暦のちょうど中央、7月18日のところに、注記として次のようなラテン語が記されている。

Alliens(is) Die(s)
アッリア川の日

　ローマではガリア人に敗れた「アッリア川の戦い」は7月18日のこととされ、この日が言わば「国辱記念日」として、臥薪嘗胆の思いとともに暦に刻み込まれたのだ。次にローマ市が異民族による劫略という屈辱を味わうのは、実に800年後の紀元後410年、ゲルマン人の一部族「西ゴート族」による。もう「ローマの滅亡」が現実のものとなりつつある時代のことだ。

　さて、ガリア人による占領から比較的速やかに立ち直ったローマでは、前367年に「リキニウス・セクスティウス法」が成立し、翌366年、その規定に従ってルキウス・セクスティウスがローマ史上初めて平民として執政官に就任する。こうしてようやく、共和政ローマの最高位公職に就く道が平民にも開かれた。この後も

争いは継続するものの、貴族と平民の上層は徐々に融合を開始し、いわゆる「ノビリタス」と呼ばれる支配階層を形成しつつローマに政治的安定をもたらし、ローマ拡大の推進力となっていく。

「どちらがイタリアを統治するのか！」

対外的には体勢を立て直し、国内でも政治的安定を獲得しつつあったローマは、ついに拡大への軌道に乗り始める。前338年、ローマはお膝元ラティウム地方の諸都市を軍事的に制圧、さらに南イタリアへ、ナポリ、カプア、そしてポンペイなどの諸都市がある肥沃なカンパニア地方情勢にのめり込んでいく。そんなローマの前に、サムニウム人が現れる。

サムニウム人は、イタリア半島を背骨のように貫くアペニン山脈に住み、ラテン語と同じく印欧語族に属する「オスク語」を母語とした人々で、当時は南イタリアのカンパニア地方にも勢力を伸ばしていた。オスク語話者たちは、ラテン語話者と同様にエトルリア人たちから文字を学び取り、前6世紀から後1世紀にかけ、計650点あまりの碑文を我々に残してくれている。その実例についてはまた後で見ることにしよう。

ローマとサムニウム人は前343年、カンパニア地方のカプア市をめぐって交戦状態に入り、それから50年以上、イタリア半島各地の様々な民族を巻き込みながら、3次にわたる「サムニウム戦争」を激しく戦うことになる。前328年、「第二次サムニウム戦争」が開始されようとするとき、サムニウム人の使節はローマ人を前にこう言い放つ（リウィウス『ローマ建国以来の歴史』VIII, 23）。

> サムニウム人とローマ人のどちらがイタリアを統治するか
> 決しようではないか！

第1部 碑文でたどるローマの歴史・社会

　これはおそらく後世の創作なのだろう。行く末を知らない、歴史のまっただ中を生きる人が口にできる言葉には思われないから。しかし、この戦争はその言葉通り、イタリア半島の覇権を賭けた戦いとなった。
「サムニウム戦争」のさなか、後世に大きな影響を与える出来事が起こっている。それもまた、ラテン語碑文から読み取ることができる。前1世紀末に作られた、アッピウス・クラウディウス・カエクスという人物の業績を紹介する碑文にはこうある（碑文カタログ2-①参照）。

　　監察官のとき、アッピア街道を舗装し、都に水を引いた。

　アッピウス・クラウディウスは前312年、「監察官（censor）」という顕職にあったとき、ローマ市からカンパニア地方のカプア市まで、全長211kmに及ぶローマ初の街道、すなわち「アッピア街道」と、ローマ市に水を導く「アッピア水道」を作らせた。その目的とは、カンパニア地方情勢をめぐって戦いの開始された「サ

ローマ近郊のアッピア街道　のちにイタリア半島南端のブリンディジまで延長された

第1章　たちあがるローマ

ムニウム戦争」の兵站(ロジスティクス)の確保である。「街道」と「水道」。これらは今では、地中海ローマ文明の象徴と見なされている。そこへと向かう大きな一歩は、こうして「サムニウム戦争」をきっかけとして踏み出されたのだ。

　前290年、多大な犠牲を払いながら「サムニウム戦争」を勝ち抜くと、続いてローマはイタリア半島の南端、当時はギリシア人たちが多くの植民都市を築いていた「マグナ・グラエキア（大ギリシア）」地方での戦闘に突入する。前280年、マグナ・グラエキアの主要都市タレントゥム（現ターラント）の要請で、ギリシア本土から戦術家として名高いピュッロス王が来援、戦闘はさらに激しさを増す。ピュッロス王は「トロイア戦争」におけるギリシア方の英雄アキレウスの末裔と称し、「敗れて滅んだトロイアの植民都市ローマなど恐るるに足りない」と唱えて、自身への支持を集めたらしい（パウサニアス『ギリシア案内記』I, 12）。古代世界において伝説は決して、子供のためのおとぎ話ではないのだ。

　この「ピュッロス戦争」の戦況がローマにとって思わしくなかったとき、アッピウス・クラウディウス・カエクスがとった行動を、同じ碑文は次のように語る。

ピュッロス王との和平成立を拒絶した。

　彼はすでに老齢で「盲目（カエクス）」となっていながら元老院に輿で運ばれ、弱気になっている元老院議員たちを前に、ピュッロス王との和平などもってのほかであることを熱弁したという（プルタルコス『英雄伝』「ピュッロス伝」18-19）。こうしてローマは「ピュッロス戦争」を何とか戦い抜き、王をシチリア島に追い落とすことに成功する。そして前272年、タレントゥムがローマに対して開城すると、イタリア半島における反ローマ勢力がおおむね姿を消す。ついに、ローマがイタリアを統治することに決したのだ。

第1部 碑文でたどるローマの歴史・社会

碑文の解読に挑戦…❶

アッピウス・クラウディウス・カエクスの事績を伝える碑文

この碑文はフィレンツェ考古学博物館に所蔵されていますが、ローマの文明博物館でもレプリカを見ることができます。「アッピア街道」の建設者として有名なアッピウス・クラウディウスの業績を刻んだ部分を訳してみましょう(全文は碑文カタログ2-①参照)。

…… Complura oppida	de Samnitibus	cepit;
多数の町々を〈対格〉	サムニウム人から	奪った。

Sabinorum	et	Tuscorum	exercitum	fudit;
サビニ人の〈属格〉	そして	エトルリア人の〈属格〉	軍隊を〈対格〉	蹂躙した。

Pacem fieri	cum Pyrrho rege	prohibuit.
和平が成立することを	ピュッロス王との	拒絶した。

In Censura	Viam Appiam	stravit
監察官のとき	アッピア街道を〈対格〉	舗装した

et	aquam	in urbem	adduxit; ……
そして	水を〈対格〉	都に	引いた。

第3節　ローマ国家の拡大

カルタゴとの激突

　伝説によれば前814/3年、現在のチュニジアの首都チュニス近郊に、東地中海のフェニキア人都市テュロスが「カルト・ハダシュト(新しい町)」、すなわちローマ人が「カルタゴ」と呼ぶことに

なる植民都市を築く。本国の勢力が衰微していく中、カルタゴはフェニキア人諸都市の中心的存在となり、優勢な海軍力で西地中海の主要勢力に成長する。すでにローマとも前509年、つまり共和政開始初年度に最初の条約が結ばれたと伝えられる。

カルタゴの宿願の一つがシチリア島制圧であり、カルタゴの同島での軍事活動の歴史は、早くも前6世紀に始まっている。前278年、ピュッロス王がイタリア半島からシチリア島に移動したときもやはり、島内ではカルタゴ勢力が軍事作戦を展開中であった。続く混乱の中で当地の一勢力が、すでにイタリア半島全土を掌握していたローマに救援を依頼する使節を派遣したとき、ついにローマとカルタゴが直接相まみえる契機が生まれる。こうして前264年、シチリアをめぐり「第一次ポエニ戦争」が勃発する。

この戦争は、これまでローマが戦ってきた幾多の戦争とは様相が大きく異なっていた。前260年の執政官ガイウス・ドゥイリウスの事績を記した碑文が、戦いの様子とその意味を伝えてくれている（碑文カタログ2-②参照）。

執政官として初めて、船を用い、海での戦いを首尾良く展開した。また執政官として初めて、艦船の乗組員を訓練し軍艦を艤装し... 全てのカルタゴ人艦船と大量のカルタゴ人将兵を、沖合で戦って打ち破った。

この戦争の主要な舞台は、ローマにとってほとんど備えのない海。カルタゴとの緒戦でローマは操船技術の未熟さを露呈し、続く海戦の指揮官には、碑文の主人公ガイウス・ドゥイリウスが投入される。この碑文の伝えるように前260年、ドゥイリウスは執政官として初めて海軍を指揮し、シチリア島北東部の「ミュラエ（現ミラッツォ）沖の海戦」で初めてカルタゴ艦隊に勝利した。ただし碑文にはなぜか言及がないが、この海戦ではある奇策が用い

られていたことが他の史料から知られている。「カラス(corvus)」と呼ばれる装置だ。これは船の舳先に取り付けられた、先端にカラスのくちばしのような大きな鉄釘の付いた長さ11m、幅1.2mほどの厚板である。この装置を敵艦船の甲板に落としてつなぎ止め、「カラス」を伝って兵士が乗り移ることで、海戦がローマお得意の陸戦に早変わりするのだ。実のところ舳先に据えられた巨大な「カラス」は、操船には大変なハンディキャップとなったらしい。この先何年か、ローマは膨大な数の艦船と乗組員を荒天の海で失うことになる。それでもとにかく、ローマの操船技術が向上するまでの時間稼ぎにはなったようだ。

こうしてローマは慣れない海に苦しみながらも、「第一次ポエニ戦争」を粘り強く戦い抜く。ついに前241年、カルタゴが和を請い、ローマはシチリア島の支配権を獲得。さらに戦争終結後の混乱の中で、その北に浮かぶサルディニア、コルシカ両島からもカルタゴ勢力を追い払う。こうしてローマは初めて、イタリア半島外の領土、「属州」を手に入れた。

ハンニバル戦争

前218年、「第一次ポエニ戦争」敗北後のカルタゴが海外展開の中心地としたスペインに築かれた拠点都市、「カルタゴ・ノウァ(新カルタゴ)」(現カルタヘナ)から、当地のカルタゴ人総司令官ハンニバルが軍勢を率い、ローマへの復讐を期して進発した。陸路を進んだハンニバルはアルプス山脈を越え、ついにイタリアに姿を現す。「第二次ポエニ戦争」、通称「ハンニバル戦争」の勃発だ。

ハンニバルはイタリアを縦横無尽に移動して連戦連勝を重ね、前216年に行われた「カンナエの戦い」では、一度の会戦でなんと5万人以上のローマ軍をほぼ全滅させるという、戦史に残る殲滅

第1章　たちあがるローマ

カンナエの遺跡と古戦場（イタリア、プッリャ州）

戦を展開する。ただし、兵力で劣るハンニバルの狙いは軍事的にローマを屈服させることにではなく、大勝利の評判を響き渡らせ、ローマ支配に組み込まれた諸民族・諸都市をローマから離反させることにあった。だが案に相違してこれが上手くいかない。一方でローマが、「カンナエ」後は直接対決を極力避けて焦土戦術を採用すると、イタリアでの戦いは膠着状態に陥ってしまう。代わって主戦場となったのが、カルタゴの補給基地、スペインであった。ローマはその地に、スキピオ家の人々を送り込む。

アッピア街道がローマ市を出る直前のところ、現在のシピオーニ公園の中に、スキピオ家の人々が造営した「スキピオ家の墓所 (Sepolcro degli Scipioni)」の遺構がある。その中にある、上記のドゥイリウスを継いで前259年に執政官を務めたルキウス・スキピオの墓には、非常に古風なラテン語で次のような碑文が添えられている（碑文カタログ4-①参照）。

> この人一人が、ローマにおいて良き人士のうちの最良の男で
> あったと、ほとんどの人が同意している。その人こそ、バルバ
> トゥスの息子ルキウス・スキピオ。

　実は前3世紀に「スキピオ家の墓所」が造られる以前、ローマでは街道沿いに墓所を作り、その上そこに故人を称賛する碑文を添えるという慣習はほとんど根づいておらず、この例がローマ最古のものの一つだ。「スキピオ家」の人々はすでに前3世紀から、実際の業績に加え、さらに碑文という「最新メディア」を活用する戦略を駆使して、ローマ有数の家系であることを宣伝していたのである。

　このスキピオ家から、碑文のルキウス・スキピオの息子たち、兄プブリウス・スキピオと弟グナエウス・スキピオの兄弟がスペインへと派遣される。二人はスペインのカルタゴ軍に対し優位に戦いを進めるものの、前211年、相次いで戦いのさなかに命を落とす。スキピオ兄弟の死により、ローマのスペイン戦線は崩壊の危機に瀕してしまう。このとき登場するのが、兄プブリウスの息

現在の「ザマ」（チュニジア）

子、のちに「アフリカヌス(アフリカの征服者)」とあだ名される、プブリウス・コルネリウス・スキピオ(大スキピオ)。彼は前209年、26歳のときにローマ軍を率いてスペインに到着するや、直ちに敵の本拠カルタゴ・ノウァを衝いて陥落させ、形成は一気に逆転。そのままスペインにおけるカルタゴ勢力を瓦解させることに成功する。

次いでローマ市に帰還した大スキピオはカルタゴ本国攻撃を提案、前203年に軍を率いてシチリアからアフリカに渡る。これを見て、ついにハンニバルもイタリアからの撤退を決断、全軍とともにアフリカへと渡って行く。前202年、「ハンニバル戦争」の最終決戦「ザマの戦い」が戦われ、ハンニバルは大スキピオに完敗、ようやく戦争は終結へと向かう。こうしてローマは、西地中海における最大のライバルを退け、地中海大帝国への道を歩み出した。

「バッカナリア事件」

前186年のこと、歴史家のリウィウスはこんな事件を伝えている。
その年の執政官の一人、スプリウス・ポストゥミウス・アルビヌスのもとをアエブティウスなる男が訪れ、遺産相続に絡み、自分は実母と義父に殺されそうになったと訴えた。母親らが選んだ手段は、彼を「バッカナリア(バッコス神への秘儀)」に送り込むこと。アエブティウスは初め母親らの意図に全く気づかず、入信することを愛人である解放奴隷ヒスパラに話した。すると、かつて主人に従い教団の集会に行ったことのある彼女は、その教団の恐ろしさについてアエブティウスに警告したのだという。後日呼び出されたヒスパラは、執政官の前でその教団の歴史を、夜な夜な行われる恐ろしい儀式を、そして男女入り乱れて行われるいかがわしい行為を語った(『ローマ建国以来の歴史』XXXIX, 8-20)。

驚いた執政官はすぐさま元老院を招集、事の次第を報告すると

第1部　碑文でたどるローマの歴史・社会

議員たちに衝撃が走り、執政官に調査・取り締まりが要請される。そしてイタリア全土が大混乱に包まれたという。結局関係者は7千人に上り、首謀者の拘束とバッカナリア関連施設の破壊が行われた。どうやらギリシアに由来する「バッコス（＝ディオニュソス）神信仰」はこの頃、イタリア半島に広範な広がりを見せていたらしい。

　ところでローマの宗教は古来より、相応しい犠牲を正しい儀式を行って捧げることで神々と人間のつながりを良好に保ち、対価として現世における神々の恩恵を期待するという「相互授受」の思考を基本としており、また儀式に参加する共同体構成員の一体感を強めるという作用も含め、「公共的」側面が強いものであったと言える。その一方でバッカナリアなどの秘儀宗教は、公共的宗教祭儀ではカバーされない、死後の魂の救済を願う人々に訴えかける、いわば「私的」な宗教であった。こうした「私的」宗教の実態は、「公共的」宗教の背後に隠れて見えにくいが、ローマの歴史のあちらこちらで顔を覗かせる。

　最終的に元老院はバッカナリアの今後について決議を行ったと、歴史家リウィウスは伝える。そして17世紀、元老院決議を刻んだラテン語碑文そのものが実際に、南イタリアから発見された（碑文カタログ5-①参照）。しかしその決議文は、少々意外な内容を含んでいる。

> **元老院はバッカナリアに関し、ローマの同盟諸市に次のように布告されるべきであると判断した。誰もバッコス信仰の行われる場所を保持しようと意図してはならない。もしバッコス信仰の行われる場所を保持することが必要だと述べる者があるのなら、ローマへ、首都の法務官の許へとやって来るように。そしてその陳述の聴聞が行われる場において、その件について我々の元老院が判断を下すように…。**

44

第1章　たちあがるローマ

　この決議文の中で元老院は、イタリアの「同盟市」に対してバッカナリア禁止を宣言しているようだが、どうにも歯切れが悪い。この後もいちいち「ただしローマに来て元老院の許可を得るならば...」と、禁止に留保を付けるのだ。後に「キリスト教徒迫害」の汚名を着せられるローマは、宗教的な不寛容政策と結びつけて理解されることもあり、この事件がその嚆矢と考えられることすらある。しかし広大な多文化・多宗教世界をまたにかけるローマには、そのような政策は無用・無縁であり、有害ですらあった。この碑文の文言をみると、歴史家リウィウスの伝える芝居じみた筋立てが想像させるのとは異なり、「バッカナリア事件」が単なる宗教弾圧、異文化嫌悪の発露ではなかったらしいことが分かる。

　ではその意図とは何だったのだろう。上でローマのイタリア「支配」の歴史をたどってきた。ただし「支配」とは言っても、ローマは敗れた諸都市を直接掌握したのではなく、従属的同盟条約を締結したのちは、ほぼ完全な自治権を諸都市に委ねていた。イタリアに乗り込んだハンニバルが突き崩そうと試み果たせなかったのは、こうしたローマと「同盟市」との関係であった。そこから、「バッカナリア事件」の原因の一端が見えてくる。「ハンニバル戦争」で、イタリア半島の同盟市大量離反の可能性という恐怖にさらされ続けたローマは、戦後、同盟諸市への掌握力強化へと動こうとしていたようだ。「ローマに来て、元老院の許可を得よ」と。イタリア半島に広範な広がりを見せていたバッカナリアは、おそらく都合の良いきっかけとして利用されたのだ。しかしこうした強化の動きは、反発をも招来する。100年後に噴出するその反発については、少し先で見ることになるだろう。

ローマの地中海制覇

　さて、ローマは「ハンニバル戦争」終結後、カルタゴ勢力の駆

逐されたスペインに進出、地中海沿岸を皮切りに内陸部へと征服活動を進めていく。その様子を、前190年頃、スペインで軍事活動をしていた人物に関わるラテン語碑文からうかがい知ることができる（*CIL* I^2 614 = *ILS* 15）。

L(ucius) Aimilius L(uci) f(ilius) Inpeirator decreivit, / utei quei Hastensium servei / in turri Lascutana habitarent, / leiberei essent.
ルキウスの息子ルキウス・アエミリウス・インペラトルが決定を下した。ハスタの従属民で、「ラスクタの塔」に居住する者たちは、自由たるべし。

ここには、スペイン南部のカディス近郊で軍事活動を行っていたローマの司令官、ルキウス・アエミリウス・パウルスの下した決定が、古風なラテン語で記されている。この文書の中で彼は、命令権（インペリウム）を与えられてローマ軍を指揮する「最高司令官（インペラトル）」の称号を、パウルスという家名の代わりに、まるで名前の一部であるかのように名乗って現地民たちに命令を下している。この「インペラトル」が「皇帝（エンペラー）」を意味するようになるにはもう少しの時間が必要だが、異民族の前にローマ人を率いて現れる代表者の名は、この頃からすでに「インペラトル」であったのだ。

ローマはさらに東地中海での軍事活動も活発化させ、ついに前168年、同じアエミリウス・パウルスが大国「アンティゴノス朝マケドニア」を滅亡させることで、地中海における超大国としての地位をほぼ確立する。

前146年には、ローマに反抗を繰り返していたギリシア諸都市の中心都市コリントスが徹底破壊される。その実行者ルキウス・ムンミウスが奉献した碑文が残されている（碑文カタログ1-①参照）。

> ルキウスの息子ルキウス・ムンミウス、執政官。この人の指揮権と、鳥占いと、命令権（インペリウム）の下に、アカイアが占領され、コリントスが破壊された後、彼はローマ市へと凱旋して帰国した。

　執政官ムンミウスによる破壊でコリントス市は炎上。高熱により町の貴金属が溶けて「鉱山」を形成、そこから採掘される純度の高い金属が「コリントス青銅」として珍重されていたと、ある古代の著述家はまことしやかに伝えている（大プリニウス『博物誌』XXXIV, 6 以下）。

　そして同じく前146年、「ハンニバル戦争」敗戦後に再び経済的繁栄を取り戻していたカルタゴに対する「第三次ポエニ戦争」の最終局面が訪れる。カルタゴ市民による絶望的な抗戦にもかかわらずカルタゴは陥落。ついにカルタゴ市は草木一本残らぬように完全破壊される。ローマによる地中海制覇完成を象徴する出来事であった。ローマの司令官は、上記のアエミリウス・パウルスの

コリントスのアポロン神殿　前6世紀に建てられ、今なお7本の円柱が残っている

次男で、大スキピオの息子に養子に出されたスキピオ・アエミリアヌス（小スキピオ）。彼は破壊されるカルタゴを見つめながら、「いつの日か我々の祖国にも同じ運命が降りかかるのだろうか」と詠嘆したと伝えられる（ポリュビオス『歴史』XXXVIII）。小スキピオの懸念が現実化するにはまだ500年以上の歳月が必要だが、しかしそれでもローマにはこの後、「100年の内乱」という苦難のときが待っていたのだった。

第4節　100年の内乱

グラックス兄弟の改革

　南イタリアで発見された、前131年の標石上の碑文には、次のようにある（*CIL* I² 639）。

C(aius) Sempronius Ti(beri) f(ilius) / Ap(pius) Claudius C(ai) F(ilius) / P(ublius) Licinius P(ubli) f(ilius) IIIvir(i) a(gris) i(udicandis) a(ssignandis).
ティベリウスの息子ガイウス・センプロニウス（・グラックス）、ガイウスの息子アッピウス・クラウディウス、ププリウスの息子ププリウス・リキニウス、土地審査・分配三人委員。

　この碑文は、これから先100年にわたり続くローマの混乱と大きな関わりを持つ。混乱の元となったのは、碑文冒頭に登場するガイウス・グラックスと、そしてここには登場しない兄ティベリウス・グラックスの兄弟。彼らの父は、二回の凱旋式を挙げている当代最高の人物。母は、ハンニバルを打ち破った大スキピオの娘コルネリア。姉は、第三次ポエニ戦争の勝者である小スキピオ

のもとに嫁いだ。超一流家門に生まれた、正真正銘のサラブレッドたちである。

あるとき、兄ティベリウスが北イタリアを移動中、農地は荒涼とし、またそこで働くのが他国から連れてこられた奴隷ばかりであるのを目にしたとき、彼の胸に初めて改革への思いが生まれた。ティベリウスは言う（プルタルコス『英雄伝』「ティベリウス伝」9）。

> イタリアの野に草を食む野獣でさえ、洞穴を持ち、それぞれ自分のねぐらとし、また隠れ家としているのに、イタリアのために戦い、そして斃(たお)れる人たちには、空気と光の他何も与えられず、彼らは、家もなく落ち着く先もなく、妻や子供を連れてさまよっている！

イタリアで引き続いた戦争、そして長期にわたる海外での従軍は、ローマ軍の中核を担ってきた中小自営農民たちの生活基盤を破壊してしまった。次々と富裕者の手に渡っていく農地では、戦争により潤沢に供給される奴隷が作業に従事するようになる。土地を失った元農民たちは、生活の手段なくさまよい、都市へと流れ込んでくる。ティベリウス・グラックスの目にはそのような情景が、ローマ国家の根幹を揺るがす恐ろしい事態として映ったのだ。

ティベリウスは前133年に護民官となると、ただちに土地所有に関する古い法律（「リキニウス・セクスティウス法」とされる）を持ち出して富裕者から土地を取りあげ、それを元農民たちに分配する。しかし、主張が急進化するにつれて反発は高まり、結局ローマ市内で元老院議員たち自らの手により撲殺されてしまう。それでも土地分配の事業自体は、弟たちの手でその後も継続されていたことを、ティベリウスの死から2年後に製作された上のラテン語碑文は示している。

兄の死の10年後、碑文に登場している弟ガイウス・グラックス

が護民官に就任する。彼は兄の事業に加え、さらに広範な改革に着手する。しかしその全てが、既得権者である元老院議員たちの反発を招いてしまう。今回元老院は「元老院最終決議」を出し、執政官にガイウスの処刑を正式に勧告。弟にもまた、しかも今度は合法的に、兄と同様の非業の最期が与えられる。

　グラックス兄弟はこうして、今や地中海をまたにかける超大国のあるじとなったローマが直面する問題を明るみに出し、また同胞市民への暴力使用に道を開いた。その問題の解決のために、ローマは続く長く苦しい時間を費やさねばならなかった。

「イタリア」！

　前107年、そして前104年から前100年までの連年、ローマの執政官職にマリウスが就任した。彼の出自はグラックス兄弟とは正反対、家系から一人の高位高官も出していない「新人」であった。マリウスはローマ軍に「資力のない身分の低い者をたくさん徴集した」と伝えられる（プルタルコス『英雄伝』「マリウス伝」9）。それまでローマ軍は、ある一定の土地資産を持った中小自営農民から徴集される兵を中核として構成されており、グラックス兄弟が死を賭して再建したいと願ったのも、愛郷心を持って戦う健全な中小自営農民層であった。伝統のしがらみのない「新人」マリウスは、このような「健全な」ローマ的建前をあっさりと放棄する。しかし、その副産物は巨大なものだった。ローマの将軍たちはこの後、資産を持たないため他に頼るあてのない兵を私兵として従え、兵たちの利益と自己の野心実現を求めて激突しあうようになってしまう。

　次いで、グラックス兄弟によって、特に弟のガイウス・グラックスによって取り組まれた課題の解決が、暴力によってもたらされる。前90-89年に発行された貨幣（大英博物館所蔵）の銘文が、

第1章　たちあがるローマ

前90-89年発行のオスク語貨幣
表面に右から左への鏡文字で
VITELIUの文字が見える

その事件を伝える。

　前90年、イタリア半島の「同盟市」の多くが結束してローマから離脱、新たな国家の建国を宣言する。この貨幣に刻印されているのが、新国家の名前である「ウィテリウ（Viteliu）」。使用されている言語と文字は「オスク語」。すなわち、かつてローマに屈したサムニウム人を始め、多くのイタリア住民が用いていた言葉である。ラテン語に訳せば「イタリア」となる。また、司令官の名前や称号が記載された別の貨幣（大英博物館所蔵）では、ローマ的な「最高司令官（インペラトル）」の称号さえ、「エンブラトゥル（Embratur）」とオスク語訳されている。

　同盟市は、ローマによる地中海征服戦争に、従属的条約の取り決めに従い多大な貢献を求められながら、ローマ市民権を持たないためにその果実に与ることができなかった。加えて「バッカナリア事件」のような統制力強化の流れも現れ、大きな不満が渦巻いていた。ガイウス・グラックスとその協力者たちは、改革の中でイタリア半島の同盟諸市にローマ市民権を与えることにも取り組もうとしていた。ガイウスの死後も同様の改革が試みられたが、それらが全て水泡に帰したとき、同盟諸市はついに実力行使に出たのだ。

　こうして始まった「同盟市戦争」は、半島全域で激しく戦われる。中部イタリアのアスクルム（現アスコリ）の町は、激戦地の一つであった。そこからは、戦闘の様子を活写するラテン語碑文

が見つかっている。町の包囲戦で使われた「鉛の弾丸」に記されたものだ（*CIL* I² 859, 861）。

> **Asc(ulanis) [d]on(um).**
> アスクルム人へ、プレゼントだ！
> **Fugitivi, peristis.**
> 逃亡者どもよ、お前らはもう死んでいる！

アスクルムの町に籠もる、ローマ人からは「逃亡者」と呼ばれたイタリア同盟市勢力に対し、形・大きさの類似から「どんぐり（glandes）」と呼ばれた鉛の弾丸が、投石機を使って次々と投げ込まれた。そこに記された文言は幾分ユーモラスではあるが、近代戦さながらに弾丸の飛び交う中で戦われた戦いを思うと、身のすくむ思いがする。

前88年までに、ローマは大きな決断を余儀なくされる。イタリア半島の全自由民に、ローマ市民権を与えることとしたのだ。こうしてローマは、単なる一都市国家から、イタリア半島全体に広がる広大な領域国家へと大きく変貌する。同時にローマは、今や地中海世界全体のあるじでもある。ここでローマが手にした新たな国家のあり方は、それに相応しい支配体制の構築をも、不可避のものとして要請していた。

「幸運な人」スッラ

前83年、ギリシア・小アジア方面での反ローマ反乱を鎮静化させたローマの将軍スッラは、イタリアに帰還すると、自分の私兵とともにローマ市に乱入して制圧。対抗するマリウス派の勢力に対して大粛正を行い、イタリア半島に殺戮の嵐が激しく吹き荒れる。そんな彼に捧げられたラテン語碑文が残されている（*CIL* I² 721 =

ILS 872)。

L(ucio) Cornelio L(uci) f(ilio) / Sullae Felici / Dictatori….
ルキウスの息子ルキウス・コルネリウス・スッラ・フェリクス、独裁官に...。

「幸運な人（フェリクス）」とあだ名されたスッラは、「独裁官（dictator）」となり、ローマの政治権力を一身に集める。ところで「独裁官」とは元来、大きな国家的危機に際して事態を収束するため、非常大権を最長6ヶ月間特例的に付与された人物のことを指していた。スッラ以前に独裁官が任命されたのは「ハンニバル戦争」の最末期、前202年のこと。ここでスッラは120年ぶりに、「独裁官」の地位を新たな装いを凝らして再登場させた。それは今や、「ローマ帝国」の一人支配者の称号と化していた。

　スッラは前79年に引退（翌年死去）するまで、精力的にローマの国政改革を行う。それは、かつてのような元老院主導の貴族政的国家を取り戻そうとするものであった。しかしスッラの死後、彼が復帰させたと信じた元老院主導の国家運営は、スッラという一人の人間の権威なくしては立ち行かなかったことを露呈する。そして次々と、その「一人」になるべく、スッラと同じ道をたどろうとする人物が現れる。

共和政の終焉

　スッラ亡き後のローマをリードしたのが、ポンペイウス・マグヌスであった。彼は前60年代半ば、当時のローマ支配圏のほぼ全てとほぼ全軍を自身の命令権（imperium）下に収めて地中海全域での戦争を終息させ、前62年、意気揚々と軍を解散して丸腰でロー

マ市に凱旋する。しかし、ポンペイウスを待っていたのは称賛ではなく、嫉妬と警戒心から生まれる非難の嵐であった。こうして政治的な苦境に陥ったポンペイウスに近づいたのが、前59年の執政官職を目指していたガイウス・ユリウス・カエサルであった。

　ここで少し時間をさかのぼり、ある人物が紀元前129年頃に発行した貨幣（大英博物館所蔵）の刻印を見てみよう。

　銀貨の裏面には、発行者"Sex(tus) Iu(lius) Caisar（セクストゥス・ユリウス・カエサル）"の名に加え、戦車を駆す女神ウェヌス（ヴィーナス）と彼女に後ろから加冠するクピド（キューピッド）の図像。貨幣を通じ、「ユリウス氏族」とユルス（アスカニウス）、アエネアス、そしてその母の女神ウェヌスのつながりが暗示され、「ユリウス氏族」の家格向上が目指されているのだ。苛烈な貴族層内部の競争を、各家系は様々な手段を用いて勝ち抜こうとしていた。伝説はそのための有効な手段であった。この氏族に属するガイウス・ユリウス・カエサルもまた、前69年に行った叔母への追悼演説の中で、自らの血統が神と連なることをはっきりと表明している（スエトニウス『ローマ皇帝伝』「カエサル伝」6）。

　　ユリウス氏の始祖は、女神ウェヌスより起こり、我々カエサル
　　家はこの血統につらなる。

　ローマ市で政治的に苦闘するポンペイウスを見たカエサルは、

前129年頃発行の銀貨

第1章　たちあがるローマ

元老院の実力者であるクラッススも巻き込んで「三頭政治」の共闘態勢を持ちかけ、首尾良く前59年の執政官職を射止める。翌年からはガリア（現フランス）の征服戦争を開始、その戦いで手に入れた財力と鍛えられた軍団の力を背景に、ローマ政界での最重要人物へと一気に駆け上がる。そして前49年、スッラによって「イタリア」の内と外を分ける境界線として指定されていたルビコン川を、軍団を率いて渡河、ローマ市へと進撃する。スッラの大粛正の二の舞を恐れた元老院議員たちは、ポンペイウスに率いられて一足先に大挙してイタリア半島を脱出。その後カエサルは、ポンペイウス派に地中海世界各地で打ち勝ち、ついにローマ世界を一手に握る支配者の地位を獲得する。

　カエサルは、スッラよりもさらに露骨な「終身独裁官」となり、自分一人に栄誉や権力を集中させていく。しかし、まるで「王」を目指すかのような行動は、周囲の警戒感を呼び起こしてしまう。カエサルへの反抗の先頭に立たされたのは、マルクス・ユニウス・ブルトゥス。彼は、「王」を追放して共和政ローマを創始した伝説的人物ルキウス・ユニウス・ブルトゥスの子孫とされていた。その頃のローマ市は、「ブルトゥスが今いてくれたら」「ブルトゥス、眠っているのか」などの落書きであふれたと伝えられる（プルタルコス『英雄伝』「ブルトゥス伝」9）。そしてカエサルは前44年3月15日、ポンペイウスの建設させた劇場に招集された元老院議会において、ブルトゥスらに殺害された。

　おそらくカエサル暗殺の直後に作られた、カエサルの彫像台座部分に刻まれた碑文が残されている（*CIL* I^2 797 = *ILS* 73）。

Divo Iulio, iussu / populi Romani / statutum est lege / Rufrena.
神（Divus）ユリウスに。ローマ国民の命に従い、ルフレヌス法により建てられた。

第1部 碑文でたどるローマの歴史・社会

フォリ・インペリアーリ通りの
カエサルのフォロ前に立つカエ
サル像
ただし台座の碑文は現代のもの

　ローマ人は本来の神（deus）とは別に、人間として生き、死後に神々の列に加わった人をdivusと呼んだ。カエサルは死後、神になったと信じられた。しかし、グラックス兄弟の改革以来のローマの混乱は、ここでもう一度振り出しだ。その解決は、「神ユリウス」の後継者にそっくり委ねられた。

(志内一興)

第2章
皇帝たちのローマ

　本章で扱うのは、帝政前期あるいは元首政期といわれる紀元後1世紀から3世紀初めまでの、主に皇帝とその統治に関わる碑文である。共和政末期の内乱を収めたオクタウィアヌスが、元老院からアウグストゥス（尊厳なる者）という称号を授けられ、初代皇帝が誕生した。アウグストゥス帝は秩序を回復し、皇帝による支配の基礎を築いた。地中海全域に広がる広大なローマ帝国を支配した皇帝の権力とは、どのようなものであったのか。皇帝に関する碑文、特に「神君アウグストゥス業績録」や「ウェスパシアヌス帝の命令権に関する法」などの碑文は、その問いに答えてくれるものである。アウグストゥス帝によってローマ帝国にもたらされた平和と繁栄は、2世紀の五賢帝の時代に最盛期を迎える。ローマ帝国の最大版図を実現したトラヤヌス帝に関する碑文からは、その繁栄ぶりがうかがえる。五賢帝の時代が終わり、帝国の平和と繁栄に陰りが見え始めるセウェルス朝期、その不安と動揺は、やはり碑文に現れる。暗殺され、暴君とされた皇帝たちが、存在を消されるかのように碑文から名前を消される「記憶の断罪」が、頻繁に行われるようになる。皇帝による支配の陰りは、軍人皇帝の時代の混乱により現実のものとなった。本章では、皇帝の権力がどのようなものであったのかということを碑文から読み取りつつ、帝政前期の歴史をたどる。

第1部 碑文でたどるローマの歴史・社会

第1節　皇帝による支配の始まり

「神君アウグストゥス業績録」

　前30年、ライバルであったマルクス・アントニウスとともに女王クレオパトラを自殺に追い込み、プトレマイオス朝エジプトを滅ぼしたオクタウィアヌスは、共和政末期からの政治的な混乱を収め、事実上ローマ帝国の君主になった。前27年、オクタウィアヌスは、アウグストゥス（尊厳なる者）という称号を元老院から贈られ、ローマ帝国の初代皇帝アウグストゥスが誕生した。

　アウグストゥス帝が遺書により霊廟の入口に掲げることを指示した「神君アウグストゥス業績録」は、現存しない（序論「ローマ市街の碑文を歩く」参照）。しかし、現在のトルコに位置していた属州ガラティアで発見された三つのコピーから、そのテキストはほぼ復元されている。中でも属州の州都アンカラ（古代のアンキュラ）では、女神ローマとアウグストゥス帝に捧げられた神殿の壁に、ラテン語で刻まれたテキストとそのギリシア語訳の大半が現存しており、偉大な歴史家テオドール・モムゼンによって「碑文の女王」と呼ばれた。「業績録」は、アウグストゥス帝自身が書いた文書であり、当時の政治的イデオロギーを考える上で貴重な史料である。アウグストゥス帝が自分の業績の中で何を重視したのかが分かり、また他の史料との比較によって、それらがどれほど広まっていたのかがうかがえる。

　一般に「神君アウグストゥス業績録(Res Gestae Divi Augusti)」と言われるが、実際の標題は長い（碑文カタログ5-②参照）。

> 以下は、ローマに置かれた2本の青銅の柱に刻まれた、世界をローマの民衆の命令権のもとに服従させた神君アウグストゥスの業績と、国家とローマの民衆のために行った支出との写し

第2章　皇帝たちのローマ

である。

　この標題は、本文と比べて大きな文字で刻まれているため、見る者の視線をまずとらえる。神殿で礼拝されている皇帝アウグストゥスは神格化された神divusであることが、大きな文字でまず強調され、その下に続く本文で神格化の理由が語られるのである。

　標題の中で、神君アウグストゥス帝は「世界をローマの民衆の命令権のもとに服従させた」と説明されている。そして「業績録」の本文自体でも、最も強調されているテーマの一つは、アウグストゥス帝が世界を征服したということである（「業績録」25-33）。ここでの世界とは、「ローマ人が知っている世界全体」という意味であり、当時ローマ人が認識していなかった日本は、当然そこには含まれない。神君アウグストゥス帝の業績と支出について述べられているということであるが、そもそも「業績（res gestae）」とは主に戦争での功績を示し、また支出も、戦利品が財源の場合

女神ローマとアウグストゥスの神殿
（トルコ、アンカラ）

第1部 碑文でたどるローマの歴史・社会

碑文の解読に挑戦…❷

神君アウグストゥス業績録

「碑文の女王」として名高い「神君アウグストゥス業績録」は、ローマ市内でも、平和の祭壇博物館の土台壁面に再現されたレプリカを見ることができます。その中でもひときわ目を引く標題部分を訳してみましょう（碑文カタログ5-②参照）。

Rerum gestarum | divi Augusti,
業績の〈属格〉 | 神君アウグストゥスの〈属格〉

quibus | orbem terrarum
（それによって彼が）…するところの | 世界を〈対格〉

imperio | populi Romani | subiecit,
命令権のもとに〈奪格〉 | ローマの民衆の〈属格〉 | 服従させた

et | inpensarum, | quas
そして | 支出の〈属格〉 | （彼が）…するところの

in rem publicam populumque Romanum | fecit,
国家とローマの民衆のために | 行った

incisarum | in duabus aheneis pilis, | quae
刻まれた | 2本の青銅の柱に | …するところの

sunt Romae positae,
ローマに置かれた

exemplar | subiectum.
写しが〈主格〉 | 以下に付される。

(「業績録」15, 1; 15, 3; 21, 1-3)、戦争での功績と関連してくる。

ローマの支配が世界中に及んだという認識は、同時代の文学作品でも見られる。例えばウェルギリウスは、ローマ建国神話についての叙事詩『アエネーイス』の中で、最高神ユピテルにローマ人について語らせる。「わたしは彼らの支配に境界も期限も定め置かぬ。限りのない支配を与えたのだ」（1, 278-9）。オウィディウスも記す。「他の民族に下された土地には確固とした境界があります。が、都ローマの広がりは宇宙の広がりと同じなのです」（『祭暦』II, 684）。また、前32年から29年の間に鋳造された貨幣には、球の上に立つ勝利の女神像が刻まれた。この図も、アウグストゥス帝による世界の征服というテーマを表現している。

そして歴史家タキトゥスは、アウグストゥス帝死後の元老院での審議について伝える。「名誉葬について討議する。発言者のうちで、とくにきわだって人目をひいたのは、『葬列は凱旋門の下をくぐらせるべきだ』と提案したアシニウス・ガッルスと、『葬列の先頭には、アウグストゥスが生前に提案したすべての法律の題名と、彼の征服した民族の名前とを掲げるべきだ』と提案したルキウス・アッルンティウスである」（『年代記』I, 8）。このエピソードは、当時の元老院で、アウグストゥス帝の業績として世界を征服したということが重視されていたことを示している。元老院議員の提案により、世界の征服者としてのアウグストゥス帝のイメージが、葬儀においても人々に示されたのである。

アウグストゥス帝が「業績録」を書いた目的の一つは、皇帝家の人々、元老院議員、騎士身分の者たちといった、読者と想定される人々の模範となることであった。まとめとなる最後の2章の中で、以下のように述べる（「業績録」34）。

このような功績ゆえに、元老院決議によって、私はアウグストゥスと呼ばれ、そして、私の家の戸口の柱は月桂樹によって公式

第1部 碑文でたどるローマの歴史・社会

に飾られ、市民の冠が戸口の上に置かれ、また、黄金の盾がユリウス議事堂に置かれた。ローマの元老院と民衆は、私の勇気と寛大と公正と敬虔ゆえに黄金の盾を私に与えたことを、その盾に刻んだ碑銘によって明らかにした。

　ここで挙げられている、黄金の盾に刻まれたという四つの言葉、勇気（virtus）、寛大（clementia）、公正（iustitia）、敬虔（pietas）は、アウグストゥス帝に固有の徳であり、皇帝を社会の中で卓越した存在と位置づけるものであった。

　ところでこの記述は、全ての名誉が同時に授与されたかのような印象を与える。皇帝が最初に挙げている称号「アウグストゥス」は、前27年1月16日に授与された。しかし、実はこれは、1月13日に月桂樹と市民の冠が授与された後のことなのである。では、四つの徳が刻まれた黄金の盾はいつ授与されたものか。フランスのアルルの古代博物館に、黄金の盾のコピーである大理石の盾（直径96.5cm）が所蔵されている（*AE* 1952, 162）。

アルルの大理石の盾
（アルル古代博物館所蔵）

第2章　皇帝たちのローマ

Senatus / Populusque Romanus / Imp(eratori) Caesari Divi f(ilio) Augusto / co(n)s(uli) VIII dedit clupeum / virtutis clementiae / iustitiae pietatis erga / deos patriamque.

ローマの元老院と民衆が、神君カエサルの息子インペラトル・カエサル・アウグストゥス、執政官を8度務めた者に対して、勇気と、寛大と、公正と、神々と祖国に対しての敬虔さの盾を与えた。

　この盾は、古代のフォルムの柱廊跡から発見されたが、おそらく皇帝礼拝のための聖域に置かれていたと考えられている。刻まれたテキストからは、アウグストゥス帝が8度目の執政官を務めた後、すなわち前26年に作成されたものということになる。他の文献史料でも、前27年1月にアウグストゥス帝に授与された名誉について触れる際、盾については言及していないので、前26年に授与されたのかもしれない。

　アウグストゥス帝は、黄金の徳の盾について、自身が受けた名誉の中でも「業績録」で触れるべき重要なものと考えていた。神格化を正当化し、模範となるべき皇帝の美徳は、アルルのようなローマを遠く離れた地でも、人々の目に触れるように置かれていたのである。

皇帝礼拝とアウグスタレス

　アウグストゥス帝は、死後、元老院によって正式に神格化され、神になった。しかしすでに生前から、アウグストゥス帝を平和をもたらした救い主と讃え、神として祀る皇帝礼拝と呼ばれる動きがあった。伝記作家スエトニウスによれば、「属州が神殿の建立について、従来もよく総督のためにすら決議していることを

知っていたが、アウグストゥスはいかなる属州の決議も、自分とローマ国民共通の名儀以外は、受理しなかった。首都ではたいそう頑固にこの名誉を拒否した」(『ローマ皇帝伝』「アウグストゥス伝」52)。

歴史家タキトゥスは、アウグストゥス帝の跡を継いだティベリウス帝の言葉として記す。「神君アウグストゥスは、彼とローマ市に捧げられる神殿が、ペルガモンの町に建てられることを拒絶しなかった」(『年代記』IV, 37)。帝国東方の属州では、もともと支配者を神として礼拝する伝統があり、皇帝礼拝も自然発生的な運動であった。そこでアウグストゥス帝は、属州では、女神ローマとの合祀を条件に自身を神として礼拝することを許可したのである。前19年に発行された、「ローマとアウグストゥスへ(Rom(ae) et August(o))」と明示された神殿の図と「アシア属州会議 (com(munitas) Asiae)」という文字が刻まれた貨幣が、このことを証明している。「神君アウグストゥス業績録」が刻まれたアンカラの神殿も、女神ローマとアウグストゥス帝に捧げられた神殿であった。

支配者崇拝の伝統には馴染みがない西方の属州でも、文献史料や考古学的調査などにより、フランスのリヨンやニーム、ドイツのケルン、イギリスのコルチェスター、スペインのタラゴナとおそらくコルドバ、リビアのレプティス・マグナなど各地で、皇帝礼拝に関わる祭壇や神殿が確認されている(第6章第2節参照)。このように、属州、特に東方では皇帝礼拝は活発であったが、イタリア半島には人間を神格化する伝統はない。したがって、生前の皇帝礼拝を積極的に許可することはなく、黙認していたようである。スエトニウスによれば、特に首都ローマでは頑に固辞したらしい。ただし皇帝礼拝は、皇帝に対する敬意、純粋に宗教的な感情のみによって行われたわけではない。皇帝側は、神としての権威を忠誠心の維持とローマ化に利用し、都市や個人の側は、皇

帝に対する忠誠の表明や社会的上昇の手段として利用したのである。そして、ローマの国家宗教の中で皇帝礼拝が意味を持つのは、皇帝が死後、元老院決議によって正式に神格化されてからのことであった。

　皇帝礼拝を担った人々は、帝国の東西で異なる。「神君アウグストゥス業績録」が刻まれたアンカラの神殿の壁には、ユリウス＝クラウディウス朝期に女神ローマとアウグストゥス帝の礼拝を担った祭司たちの名前が、剣闘士競技、戦車競走や野獣狩りの開催、神殿での供儀、饗宴、オリーブ油配布などの善行、つまり公益のための出費とともに刻まれている。その中には、ローマに併合される前のガラティアの支配者層の名前が見られる。彼らは、女神ローマとアウグストゥス帝の礼拝を担い、様々な出費を負担することで、アウグストゥス帝によって新たに築かれた新しい社会の中でも、上層に位置することに成功したと考えられる。このように東方では、一般に上層の有力者たちが皇帝礼拝を担った。他方でイタリアを含む帝国の西方では、アウグスタレスと呼ばれる人々がこれを担った。アウグスタレス職に就いたのは、主に裕福な解放奴隷である。解放奴隷たちの中には、上層市民たちが卑しい職業と見なしていた商工業に従事することで、大きな富を築く者もいた。しかし、彼らはどれほど裕福になろうとも、都市の公職に就くことはできず、都市の最上層である参事会員身分に加わることはできなかったのである。裕福な解放奴隷にとって、都市の公職の代わりとなったのが、顕職とされたアウグスタレス職であった。

　79年のヴェスヴィオ山の噴火により、ポンペイとともに灰の下に沈んだ町エルコラーノ（古代のヘルクラネウム）には、町のメインストリートに面してアウグスタレスの集会所があった。内部では、次のような碑文が発見されている（*AE* 1979, 169）。

第1部 碑文でたどるローマの歴史・社会

アウグスタレスの集会所
（エルコラーノ）

集会所内部の碑文

Augusto sacr(um) / AA(uli) Lucii A(uli) filii Men(enia) / Proculus et Iulianus / p(ecunia) s(ua) / dedicatione decurionibus et / Augustalibus cenam dederunt.

アウグストゥスへの捧げ物。アウルスの息子にしてメネニア区民アウルス・ルキウス・プロクルスとアウルス・ルキウス・ユリアヌスが、自分たちの費用で、奉献の時に、都市参事会員とアウグスタレスのために饗宴を催した。

この碑文は、アウルス・ルキウス・プロクルスとアウルス・ルキウス・ユリアヌスという兄弟が、アウグスタレスになるために集会所の建設費用を負担した上、奉献の際には、饗宴を催して、都市参事会員とアウグスタレスのために出費したことを記念している。アウグストゥス帝が神格化されていないため、集会所は生前に建てられたと考えられる。イタリアでも、アウグストゥス帝の生前からアウグスタレスが存在し、皇帝礼拝が行われていたことがうかがえるのである。さらにこの兄弟は、解放奴隷ではなく、生まれながらの自由人、つまり出生自由人である。何らかの理由で都市の公職には就けないため、アウグスタレス職に就いたのかもしれない。

　アウグスタレス職は、裕福な解放奴隷たちにとっては公職の代替となったが、都市の上層市民たちにとっては、アウグスタレスによる都市や都市民への様々な経済的貢献が重要であった。都市の財政においては、上層市民たちの経済的貢献が重要であったが、アウグスタレスも負担を共有することになったのである。アウグスタレスは、都市の中で都市参事会員に次ぐ第二の身分を形成するようになる。

　このように、皇帝礼拝とそれを担う人々は、一般的に帝国の東西で異なった。ただし、皇帝側が一括して帝国全土に導入した制度ではないため、属州、都市により状況は様々であり、単純な全体像を描くことは困難である。地中海世界全域に広がり、様々な民族を含むローマ帝国ゆえの現象であろう。

人々の模範に

　アウグストゥス帝の跡を継いだのは、妻リウィアの連れ子ティベリウスであった。アウグストゥス帝は、ユリウス・カエサルの養子になったためユリウス氏族に属し、ティベリウス帝は実父に連なるクラウディウス氏族出身である。よって、ネロ帝までの5

第1部　碑文でたどるローマの歴史・社会

代の皇帝の治世をユリウス＝クラウディウス朝と言う。

　さて、ティベリウス帝には強力なライバルがいた。甥であり、後4年にアウグストゥス帝の命令により養子にしたゲルマニクスである。民衆や兵士の間で非常に人気があり、次期皇帝候補として一身に期待を集めていた。そのためティベリウス帝は、自身の地位を脅かす存在としてゲルマニクスを恐れていたといわれる。ところが19年、東方の諸問題を解決するために派遣されていたアンティオキアで、ゲルマニクスが若くして亡くなった。ゲルマニクスとともに派遣された属州シリア総督グナエウス・カルプルニウス・ピソに毒殺の疑いがかけられ、裁判になる。人々は、ゲルマニクス毒殺の指示をピソに出したのは、ティベリウス帝自身であると噂した。

　この大事件については、歴史家タキトゥスや伝記作家スエトニウスも詳しく伝えているが、ピソの裁判の判決に関する元老院決議を記した青銅板が、1980年代から90年代にかけてスペイン南部で発見された。その中に、以下のような一節がある（*CIL* II2/5, 900）。

　　ティベリウス・カエサル・アウグストゥスが、かつてその二人の息子の間で分けていた全ての思いやりを、今いる人（＝ドルスス）に向けることを元老院は強く願い求め、そして国家のための父の地位（＝元首）へのあらゆる希望が（ドルスス）一人の中に託されれば託されるほどますます、不死の神々によって残っている人（＝ドルスス）がより大きく御好意を得られることを元老院は希望する。そのためには、ティベリウス・カエサル・アウグストゥスは、悲しみを終わらせ、祖国のために、精神のみならず公の幸福に合った外見さえも取り戻さねばならない。同様に元老院は、我々の第一人者（＝ティベリウス帝）の公正さを模倣しているユリア・アウグスタとドルスス・カエサルの節

> 度を、大いに称賛する。この二人は、ゲルマニクスへの敬慕の情を抑え、父グナエウス・ピソの事案について、審理が終わるまでその判断をなお未決定のまま留保するという公正さを示したことを、元老院は認める。

　ティベリウス帝には、養子のゲルマニクスの他に、ドルススという実子がいた。この元老院決議では、ゲルマニクスの死によって唯一の帝位継承候補者になったドルススに対して神々の加護を願い、ティベリウス帝も悲しみを終わらせて幸福な様子を取り戻すようにという元老院の願いが述べられている。そしてユリア・アウグスタ、つまりティベリウス帝の母リウィアと息子ドルススが、ゲルマニクスの死についての悲しみを抑えていることを強調し、それは、二人がティベリウス帝の公正さを模倣しているからであるとする。ゲルマニクスの死を親族として悼む気持ちと、この事件の正しい判決を待つという公正さとは両立しない。ゲルマニクスのことを思えば、毒殺した疑いがもたれるピソに対して厳しい判決を求めるのが、残された遺族の心情であろう。しかし、ティベリウス帝を始めとした皇帝家の人々は、自制心により、親族としての感情よりも裁判の公正さを優先させているというのである。
　また以下のような一節がある。

> 同様に元老院は、その慈悲深さ、公正さ、魂の偉大さ、つまりその祖先から受け、そして特にその第一人者である神君アウグストゥスとティベリウス・カエサル・アウグストゥスから学んだ徳について、心に留めているのであるが…。

　この元老院決議の中で皇帝家の人々は、自制、公正、敬虔、寛大などの徳を有すると表現されているが、アウグストゥス帝が「業

續録」の中で触れている徳が四つであることと比べると多彩である。そしてここで元老院は、自分たちが神君アウグストゥス帝とティベリウス帝の徳を模範としていると述べている。

しかし、皇帝の徳を模範とすべきであると考えられたのは、元老院だけではなかった。この元老院決議は、青銅板に刻まれ、都市の最も賑やかな場所に掲示されるようにと最後に指示する。そのようにして掲示されたコピーが、スペイン南部で発見されたのである。元老院は、皇帝の徳を、皇帝家の他のメンバー、元老院議員、そして一般の市民までもが模倣するように、この決議のコピーを帝国中の人目につく場所に掲げるように指示したと言える。このようなテキストを作成し、広めることにより、政治的・社会的に頂点に位置する者、つまり「市民の中の第一人者（princeps）」としての皇帝が社会全体の模範であるとするイデオロギーを形成することに、元老院は積極的に関与した。このことは、皇帝を中心とした新しい政治システムを形成する際に、元老院議員たちが重要な役割を果たしたことを示していると言える。

「暴君ネロ」の誕生

2代目のティベリウス帝が亡くなった後は、ゲルマニクスの息子カリグラが3代目、続いてゲルマニクスの弟でカリグラ帝の叔父にあたるクラウディウスが4代目の皇帝になった。そして、5代目の皇帝が暴君ネロである。ネロ帝は、最初の5年間は後見人に恵まれて善政を施したものの、実母を暗殺し、またキリスト教徒を迫害した皇帝として悪名高い。ついに68年、属州で総督たちの反乱が起こった。ネロ帝は、元老院によって公敵（hostis）と宣言され、自害に追い込まれ、ユリウス＝クラウディウス朝は断絶した。

ネロ帝は、最もよく知られたローマ皇帝の一人である。しかし、

残っている碑文史料は多くはない。64年に首都ローマを襲った大火と、ネロ帝の死後に起こった内乱により、それ以前の皇帝たちのものも含め、多くの碑文や彫像、建築物が失われているからである。

さらに、元老院によって公敵と宣言されたネロ帝は、「記憶の断罪」を決議された。「記憶の断罪」とは、個人の名前や肖像などを削除する手続きであり、槌で打って名前を削り取った跡が残る碑文や、顔の部分が削られたレリーフ、頭部のみ別の皇帝に付け替えられた彫像は、現在でも見られる。「記憶の断罪」の跡がある碑文の大半が、皇帝家の人々に関するものである。最高権力者であっても、時に政治的な事情により暴君と認定されれば、あらゆる記憶を抹消されるという不名誉を被ったのである。とはいうものの、実際には、「記憶の断罪」を決議された皇帝に関する全ての記憶が削除されたわけではない。多くの碑文、肖像、貨幣などを残した皇帝の記憶を全て抹消することは不可能であり、さらに、皇帝との関係や政治状況などによっては、地域、都市により、徹底して実行されないこともあった。

ネロ帝の場合、死後の内乱で首都ローマが荒廃し、多くのものが破壊されていたためか、「記憶の断罪」は積極的に行われなかったようである。首都ローマの中でさえ、その実行に一貫性は見られない。そして、ネロ帝の名前が刻まれた碑文の多くは断片的なものであり、削除の跡が確認できない。帝国全土に現存する碑文を見ても、名前が削除されているのはおよそ12%ほどである。そのような状況の中、現代に伝わった碑文を一つ見てみよう（*CIL* VI 927 = *ILS* 236）。

Neroni Caesari Aug(usto) / et sancto Silvano / aediculam cum imagine / Faustus Caesaris / d(e)

第1部　碑文でたどるローマの歴史・社会

s(ua) p(ecunia) f(ecit).
ネロ・カエサル・アウグストゥスと、神聖なるシルウァヌスのため、肖像とともに小礼拝所を、皇帝の奴隷ファウストゥスが自身の費用によって作った。

　これは、プラエネスティーナ街道をローマから6kmほどいった場所で発見された碑文である。ネロ帝とシルウァヌス神のために、肖像もある小さな礼拝所を、皇帝家の奴隷ファウストゥスが費用を負担して作ったことを記録している。シルウァヌスは、森林や耕地などの神で、帝国中で人気があった。ここでは、ネロ帝は神格化はされていないが、シルウァヌスの前に、より大きな文字で刻まれているので、神と同じような立場であることが暗に示されていると言えよう。この碑文でもネロ帝の名前は削除されていないが、ローマの市域の外であり、注目されなかったのかもしれない。

　いずれにしても、「公敵」を宣言され、「記憶の断罪」を決議されたネロ帝は、暴君であるという不名誉を永遠のものにしたのである。

ネロ帝の名前が刻まれた、小礼拝所の碑文

第2節 新たな家系の皇帝たち

皇帝の権限とは

　ネロ帝が自害に追い込まれた後、ガルバ、オト、ウィテリウス、そしてウェスパシアヌスと次々に皇帝が代わった69年は、「4皇帝の年」とも呼ばれる。この内乱は帝国全土に及んだが、ウェスパシアヌス帝が混乱を収めることに成功した。10年間にわたる統治の後は、長男ティトゥス、次男ドミティアヌスと帝位が継承され、このフラウィウス家の3人の皇帝たちによる治世は、フラウィウス朝と言われる。

　ウェスパシアヌス帝は、ローマ北東の地方都市で、騎士身分で徴税請負人であった父のもとに生まれた。ウェスパシアヌスと兄とが、その家系で初めての元老院議員である。つまり、フラウィウス朝の皇帝たちは、決して名門とは言えない家柄の出身であった。そして、軍事力を背景に皇帝となった彼らは、ユリウス＝クラウディウス朝の皇帝たちとは何ら親族関係にはない。そもそもローマ帝国には、皇帝という立場、身分がなく、建前上は、元首（princeps）すなわち「市民の中の第一人者」にすぎなかったため、この新たな家系出身の皇帝ウェスパシアヌスの権限を正式に規定する必要が生じた。そこで「元老院はウェスパシアヌスに、代々の元首に慣例の名誉をすべて欣然と、そして希望を確信して議決した」（タキトゥス『同時代史』IV, 3）。69年12月あるいは70年1月に、「ウェスパシアヌス帝の命令権に関する法（Lex de imperio Vespasiani）」が、元老院決議の形をとって出されたのである。この法は、最初の部分が失われてはいるものの、ローマのカピトリーニ美術館の「ファウノの部屋」の壁に埋め込まれている青銅板により、現代に伝わっている。ユリウス＝クラウディウス朝の皇帝たちに認められていたという権限の具体的な内容が記

されているため、皇帝の命令権（imperium）がどのようなものであったのかを知ることができるのである。

　ユリウス＝クラウディウス朝の皇帝たちとは言うものの、「記憶の断罪」を決議されたとされるカリグラ帝とネロ帝には触れられていない。以下、幾つかの条項を見てみよう。神君アウグストゥス帝、ティベリウス帝、クラウディウス帝にかつて許されていたように、ウェスパシアヌス帝にも以下のことが認められた（碑文カタログ5-③参照）。

> 「望む者との同盟を結ぶことが許されること。」
> 「元老院を召集し、議案を提案し、諮問し、提案と採決によって元老院決議を行うことが許されること。」
> 「公職、職権、命令権、あるいは上級の職責を望む者たちを、ウェスパシアヌス帝がローマの元老院と民衆に推薦し、あるいはウェスパシアヌス帝が支持を与えたり支持を約束した場合は、（彼らを選ぶための）民会において特別な考慮がなされること。」
> 「国家のためになると考える時、聖域の境界を拡げ、拡張することが許されること。」
> 「神々あるいは人間に関する事で、公的な事あるいは私的な事について、国家のためになる、あるいは尊厳に相応しいと考える事は何であれ、行う権能と職権があること。」

　他にも、法と民会決議には拘束されない権限があることなどが明らかにされている。これにより、アウグストゥス帝に対して段階を経て授与された権限が、ウェスパシアヌス帝とその後継者たちの正当な権限として、一括して正式に認められた。帝政前期、皇帝たちは、絶大な権力を握っていたにもかかわらず、自身を単なる「市民の中の第一人者」と主張し、共和政が継続しているか

のように振る舞った。しかし「ウェスパシアヌス帝の命令権に関する法」により、「皇帝」とその権限が法的に定義された。ウェスパシアヌス帝の即位は、「皇帝」としての立場が、アウグストゥス帝が主張するように権威に基づくというよりもむしろ、軍事力を背景にしたものであることをそれとなく明らかにした。さらに、この「命令権に関する法」により、アウグストゥス帝が復興した共和政が継続しているという建前は、ますます実態とは異なるものとなっていったのである。

ユダヤ戦争での勝利の宣伝

さて、ウェスパシアヌスが皇帝として擁立されたのは、東方でのことであった。66年、属州ユダヤでローマへの不満が高まり、反乱が起こった。この鎮圧のため、ウェスパシアヌスがネロ帝によって派遣された。反乱軍は広い地域を占領していたが、ローマ軍は徐々にこれを奪い返し、最終的な攻撃の準備をしている最中に、ネロ帝自害の知らせが伝わる。西方では次々に皇帝が擁立される中、69年7月、属州エジプトに滞在していたウェスパシアヌスは、帝国東部とドナウ川流域に駐留する軍団の支持も得て、皇帝と宣言した。ユダヤ戦争は、長男で後に皇帝となるティトゥスに委ねられる。ティトゥスは、70年9月、7ヶ月に及ぶ包囲戦の末にエルサレムを攻略し、71年6月にはローマに戻り、皇帝になった父とともに凱旋式を行っている。

ティトゥスが、ウェスパシアヌス帝とともに凱旋将軍として行進したことには、政治的に大きな意味があった。合同の凱旋式は、ティトゥスが後継者であることを明らかにするものであったからだ。ウェスパシアヌス帝は、ユリウス＝クラウディウス朝のように、自らの家系出身者たちに帝位を継がせることをすでに考えていたのである。この時の凱旋式の様子は、フォロ・ロマーノの小

第1部　碑文でたどるローマの歴史・社会

ティトゥス帝の凱旋門、南側のレリーフ

高い丘の上にある「ティトゥス帝の凱旋門」のレリーフからうかがわれる。この凱旋門は、ユダヤ戦争での勝利を記念したものであった。北側のレリーフでは、凱旋車に乗ったティトゥス帝が見られる。女神ローマが馬を引き、女神ウィクトリアが皇帝に冠を与えている。南側のレリーフでは、数多くの戦利品が運ばれている中で、銀のラッパ、そしてエルサレムの神殿から運び出されたというユダヤ教のメノーラー、七枝の燭台が確認できる。征服した都市の名前を書いたものも掲げられていたと考えられている。この二つのレリーフは、フラウィウス・ヨセフスの『ユダヤ戦記』の中の記述と一致している（VII, 122-156）。

　凱旋門の上部に掲げられている碑文は、いたってシンプルなものだ（*CIL* VI 945 = *ILS* 265）。

Senatus Populusque Romanus divo Tito divi Vespasiani f(ilio) / Vespasiano Augusto.

ローマの元老院と民衆が、神君ウェスパシアヌスの息子である神君ティトゥス・ウェスパシアヌス・アウグストゥスに対して（捧げた）。

この碑文では、父ウェスパシアヌス帝とともにティトゥス帝もすでに神格化されている。そのため、凱旋門が完成したのは、81年のティトゥス帝の死後、弟のドミティアヌス帝によって神格化された後であることが分かる。ティトゥス帝が神格化されると、ドミティアヌス帝は神君の弟ということになる。そして、元老院によってこのような凱旋門が奉献されることは、フラウィウス家にとって大きな名誉であった。このように、ティトゥス帝の凱旋門の建立には、続く弟ドミティアヌス帝の正統性を示すという目的があった。したがってドミティアヌス帝は、治世の早い段階で急いでこの凱旋門を完成させたのである。

　華々しい凱旋式は、フラウィウス朝という新しい家系の皇帝たちによるユダヤ戦争での勝利が、ローマ帝国に再び平和をもたらしたということ、したがって彼らが皇帝に相応しいということを、広く人々に知らしめることになった。そしてそのことはまた、貨幣によっても宣伝された。71年に発行された貨幣では、表にウェスパシアヌス帝の肖像とその称号が刻まれている。

Imp(erator) Caes(ar) Vespasian(us) Aug(ustus), p(ontifex) m(aximus), tr(ibunicia) p(otestate), p(ater) p(atriae), co(n)s(ul) III.
インペラトル・カエサル・ウェスパシアヌス・アウグストゥス、大神祇官、護民官職権を持つ者、国父、執政官を3度務めた者。

71年発行の
ウェスパシアヌス帝の貨幣

第1部 碑文でたどるローマの歴史・社会

そして裏には「征服されたユダヤ（Iudaea capta）」と刻まれ、座り込んで嘆く女性が描かれている。この女性は、もちろん「征服されたユダヤ」を擬人化して表現したものである。ティトゥス帝もまた、ユダヤ戦争の勝利を記念した貨幣を発行した。表にはティトゥス帝の肖像と称号、裏にはローマ兵とその前で膝をついているユダヤ人捕虜が描かれている。

フラウィウス朝は、69年の内乱を制し、再びローマ帝国に平和をもたらしたことにより、樹立された。しかし、ローマ人同士の争いであった内乱による混乱を収拾したことよりもむしろ、ユダヤ戦争での勝利を強調することにより、平和をもたらした功績が宣伝された。皇帝としての正統性の根拠を、外敵との戦いにおける勝利に求めたのである。

81年、ティトゥス帝は42歳の若さで、突然病死した。人々も元老院も、慈悲深い理想の皇帝の死を深く嘆き悲しんだという。跡を継いだのは、12歳年下の弟ドミティアヌスであった。ドミティアヌス帝はネロ帝とともに暴君として知られる。恐怖政治の末、96年に暗殺され、フラウィウス朝は断絶した。

第3節 五賢帝の時代

ローマ帝国最大版図の実現

ドミティアヌス帝が暗殺されると、その日のうちに元老院議員ネルウァが皇帝として承認された。ネルウァ帝以降、マルクス・アウレリウス帝までの5人の皇帝は五賢帝と呼ばれる。ローマ帝国が平和で安定し、繁栄を謳歌した時代であった。

イタリア半島南部の内陸部にベネヴェント（古代のベネウェントゥム）という町がある。この町から半島南端のブリンディジ（古

第2章　皇帝たちのローマ

ベネヴェントの
トラヤヌス帝のアーチ

代のブリンディシウム）まで、アッピア街道と平行するトラヤーナ街道が造られた。この街道の起点に建てられたのが、五賢帝の2代目トラヤヌス帝のアーチである。

　114年に建てられたアーチには、トラヤヌス帝の治世の政治的に重要な場面がレリーフで表現されている。その中の1枚には、99年、トラヤヌス帝が即位して初めてローマに戻ってきた際、徒歩で市内に入った場面が描かれた。トラヤヌス帝は、君主ではなく、一市民としての謙虚な態度を示したのである。トラヤヌス帝が行った重要な施策の一つに、アリメンタ制度の設立がある。アリメンタ制度とは、基金を設定し、そこからの収益を貧しい子供たちを扶養するために使用するという制度であった。ベネヴェントのアーチには、このことを表現したレリーフも見られる。パンがのったテーブルが描かれ、子供たちの手を引いたり、肩にのせたりしている親たちの姿が描かれている。他には、トラヤーナ街

道が開通した際の儀式の場面、北方の視察の場面なども見られる。そしてレリーフの上には、高々と碑文が掲げられた（*CIL* IX 1558 = *CIL* IX 5998 = *ILS* 296）。

> 神君ネルウァの息子インペラトル・カエサル・ネルウァ・トラヤヌス、最善のアウグストゥス（オプティムス）、ゲルマニアの征服者、ダキアの征服者、大神祇官、護民官職権18度、最高司令官歓呼7度、執政官6度、国父、最強の元首に対して、ローマの元老院と民衆が（捧げた）。

　このようにして、レリーフで描かれた功績がトラヤヌス帝のものであることが明示されているのである。レリーフで表現されたトラヤヌス帝のイメージは、文学的な史料や貨幣などで宣伝されたものと共通する。文学的作品を読むのは上層の限られた人々であり、また小さな貨幣にメッセージをこめることにも限界がある。しかしベネヴェントのアーチは、トラヤヌス帝の功績やその政治的なメッセージを、誰にでも分かる図像で表現している。このアーチは、図像と文字とが互いに補い合ったプロパガンダの重要な手段だったのである。

　このトラヤヌス帝のもと、ローマ帝国は最大版図を実現する。ローマの中心フォロ・ロマーノの周辺には、皇帝たちのフォロがある。その中でも最大のトラヤヌス帝のフォロには、二つの図書館の間に、トラヤヌス帝の記念柱が置かれた。高さ約40mで、1番上にはかつてはトラヤヌス帝の像が置かれていた。巨大な台座の内部は墓室であり、トラヤヌス帝の遺灰が収められた黄金の骨壺が置かれた。そして入口の上には、次のような碑文が刻まれている（碑文カタログ2-③参照）。

> ローマの元老院と民衆が、神君ネルウァの息子インペラトル・

第2章　皇帝たちのローマ

カエサル・ネルウァ・トラヤヌス・アウグストゥス、ゲルマニアの征服者、ダキアの征服者、大神祇官、護民官職権17度、最高司令官歓呼6度、執政官6度、国父に対して、このような作業によりどれほどの高さの丘が取り払われたのかを示すために（捧げた）。

　トラヤヌス帝のフォロは、カンピドリオの丘とクイリナーレの丘の間の狭い場所を、クイリナーレの丘を削って拡げた場所に造られた。削られた斜面の土留めの役割も兼ねていたのが、トラヤヌス帝の市場である。碑文によれば、記念柱建立の目的は、削られた丘の元の高さを示すことにあった。しかし、記念柱が示すのはそれだけではない。むしろ注目を集めるのは、およそ200mの長さになるという円柱の側面に刻まれた螺旋状のレリーフである。現在、近くに高い建築物がないため、このレリーフを間近に見

トラヤヌス帝の記念柱

第1部　碑文でたどるローマの歴史・社会

ことは不可能であるが、建設当時は、二つの図書館とバシリカ・ウルピアのテラスなどから眺めることができた。このレリーフでは、トラヤヌス帝が勝利した2回のダキア戦争の様子が表現されている。

ダキアとは、ドナウ川下流の北岸で、現在のルーマニアにあたる地域である。ドミティアヌス帝が85年から89年にかけて遠征を行い、講和条約を結んでいた。しかし不穏な動きがあり、101年、トラヤヌス帝自らがダキア遠征を行うことになった。第一次ダキア戦争では、ローマ軍が優勢なまま講和条約が結ばれ、トラヤヌス帝はローマに戻ると凱旋式を挙げた。そして元老院からは、「ダキクス」つまり「ダキアの征服者」という意味の称号を与えられている。しかし105年、ダキア人が再びローマ領内に侵入したため、トラヤヌス帝は再びダキアへと向かう。第二次ダキア戦争では、首都は攻め落とされ、王は自殺に追い込まれ、106年末には、ダキア王国は属州としてローマ帝国に併合されることになった。属州ダキアは、ドナウ川の北岸に設立された唯一の属州である。第二次ダキア戦争後も、トラヤヌス帝は再び凱旋式を行っている。

トラヤヌス帝の記念柱のレリーフは、このダキア戦争の様子を表現しているのであるが、帝国の東方でも征服活動は行われていた。第二次ダキア戦争の準備をしていた頃、シナイ半島からイスラエルにかけての地域には属州アラビアが建設されている。ダキア戦争が終わると、強国パルティア王国への対応のため、113年、トラヤヌス帝自ら東へと向かった。パルティアの首都クテシフォンを落とし、メソポタミア、アルメニアなどの属州を設置している。こうして、ローマ帝国の領土は最大になった。しかし、すぐに各地で反乱が起こり、帝国は危機的状況に陥った。これに対処するためにローマに戻る途中、トラヤヌス帝は、117年、死去した。

跡を継いだハドリアヌス帝は、トラヤヌス帝の領土拡張政策を転換し、国境の防衛強化に意を注いだ。トラヤヌス帝は、アウグス

トゥス帝の治世にローマ帝国の国境と定められたドナウ川とユーフラテス川を越えて属州を建設したのだが、ハドリアヌス帝は、東方のメソポタミアとアルメニアを放棄し、国境を再びユーフラテス川に戻した。そして、帝国各地を精力的に視察して回った彼は、「旅する皇帝」と呼ばれた（第6章第1節参照）。ローマ帝国が最大版図を実現したのは、長いローマの歴史の中のほんのわずかな期間であったのである。

広がるローマ市民権

　ハドリアヌス帝から帝位を受け継いだのは、アントニヌス・ピウス帝である。「ピウス」は、神々、父祖、祖国に対して敬虔であることを意味し、元老院から贈られた称号であった。その治世は比較的穏やかな時代であり、アントニヌス・ピウス帝がイタリアを出ることもなかった。23年間という長い統治だったにもかかわらず、「歴史がない」とまで言われることもある。

　このアントニヌス・ピウス帝が、北イタリアの地方都市トリエステ（古代のテルゲステ）に関与した記録が今に残る。現在のサン・ジュストの丘の上にあったフォルムを飾っていた名望家たちの彫像の一つ、ルキウス・ファビウス・セウェルスの騎馬像の台座に刻まれた碑文である。正面にはこの人物に対する顕彰碑文が刻まれている（*CIL* V 532 = *ILS* 6680）。

> ルキウスの息子にしてプピニア区民ルキウス・ファビウス・セウェルス、ローマの財務官に対して、テルゲステ人の都市参事会員と平民が（この像を捧げた）。

　この顕彰碑文からは、ルキウス・ファビウス・セウェルスがプピニア区民、つまりトリエステの市民であること、それから首都

第1部　碑文でたどるローマの歴史・社会

サン・ジュストの丘に残るフォルム跡（トリエステ）

ローマの財務官、つまり元老院議員であることなどが分かる。
　ルキウス・ファビウス・セウェルスは、都市の最も賑やかな場所に黄金の騎馬像が建立されるという最大の名誉を受けたのであるが、その台座の側面には、首都ローマで活躍するこの人物がなぜ故郷で顕彰されたのかを説明した、75行以上にわたる長大な都市参事会決議が刻まれている。そこには、彼が多くの重要な裁判でトリエステを勝訴に導いたことに加えて、最も輝かしい功績として、以下のように記されている。

> アントニヌス・アウグストゥス・ピウスの崇高な手紙によって明示されているように、この皇帝の下で以下のことを達成することによって、公の望みを追求することに成功した。すなわち、神君アウグストゥスによって我々の都市に割り当てられたカルニ族とカタリ族とが、生活の仕方と戸口調査において相応しい者であれば、造営委員の立場によって我々の都市参事会（クリア）

に受け入れられること、このことによってローマ市民権を獲得すること。そして、このことによって我々の金庫を豊かにし、都市参事会(クリア)を満たし、そして、最善で最も財産のある人々に対して顕職の共有とローマ市民権の享受とを許すことによって、状況を和らげ、我々の都市全体を高めた。その結果、明らかにかつては金銭の収入に関するのみであった人々が、今は名誉のための支払によって、まさに二重の収入に関するようになり、そして少数の者にとって負担になっていた都市参事会員の義務としての負担(ムネラ)を、我々は彼らと正しく十分に共有している。

　細かな文字で長々と述べられている元老院議員の功績は、アントニヌス・ピウス帝に働きかけ、カルニ族とカタリ族のうち相応しい品位と一定の資格財産を有する者が、トリエステの造営委員を務めることによって都市参事会に入り、ローマ市民権(civitas Romana)を獲得できるように取りはからったことであった。カルニ族とカタリ族は、トリエステの東側に住んでいたとされるケルト人の部族である。アウグストゥス帝の措置により、トリエステに行政的に属し、税を納めるようになっていた。アウグストゥス帝は、北イタリアのまだローマ化されていない部族を、同化させるべく近隣の都市に割り当てたのである。その後、1世紀半ほどかけて同化が進み、アントニヌス・ピウス帝の時代に、ルキウス・ファビウス・セウェルスの仲介により、カルニ族とカタリ族はローマ市民になる機会を得た。このことは二部族にとっては、トリエステの政治に参加でき、そしてローマ市民権を獲得できるというメリットがあった。他方でトリエステにとっては、それまでの税に加えて、公職者や都市参事会員になるための入会金と義務としての出費を負担する新メンバーを獲得することによって、財政的に潤い、旧来の都市参事会員の経済的負担が軽減されるというメリットがあった。

このようにローマ市民権は、特別な申し立てなど機会があると付与され、ローマ市民権保持者は時代とともに増加していった(第6章第2節参照)。それとともに、元来は特権であったローマ市民権が、次第にその特別な重要性を失いつつあった。さらに時代が下り、212年、カラカラ帝によるアントニヌス勅法によって、帝国内の全自由人に付与されることになり、ローマ市民権は名実ともに特権的地位を失うのである。

帝国の最盛期である五賢帝の時代は、『自省録』の著者として、哲人皇帝とも言われるマルクス・アウレリウス帝の死により終わりを告げる。跡を継いだ実子のコンモドゥス帝は、政治にはあまり関心がなかった。やがて、常軌を逸した行動をとるようになり、192年、暗殺された。

第4節 セウェルス朝と「記憶の断罪」

五賢帝はいずれも暗殺されることはなく、死後は元老院決議によって神格化された。コンモドゥス帝は、ドミティアヌス帝以来、およそ100年を経て暗殺され、「記憶の断罪」を決議された皇帝である。コンモドゥス帝暗殺後、わずか87日間の統治の末に暗殺されたペルティナクス帝、競売で競り落として皇帝になったディディウス・ユリアヌス帝と続く。さらに軍団の後押しにより、属州シリア総督ペスケンニウス・ニゲル、属州ブリタニア総督クロディウス・アルビヌス、属州上パンノニア総督セプティミウス・セウェルスが皇帝を宣言する。その中で、ペルティナクス帝の敵討ちを掲げたセプティミウス・セウェルスがローマに進軍し、ライバルを破り、セウェルス朝を樹立した。ディディウス・ユリアヌス、ペスケンニウス・ニゲル、クロディウス・アルビヌスの三人には、「記憶の断罪」が決議されている。ローマ帝国を混乱さ

第2章　皇帝たちのローマ

せた三人を悪帝と判定させ、その悪帝からローマを救ったということで、セプティミウス・セウェルス帝は、自身と自身の家系の者が皇帝位に就くことを正当化したのである。さらなる正当化のため、セプティミウス・セウェルス帝は、マルクス・アウレリウス帝の養子を名乗るようになり、その結果、「兄弟」となったコンモドゥス帝を、一度は「記憶の断罪」が決議されていたにもかかわらず、神格化した。「記憶の断罪」か神格化かという判定は、元老院決議という形を取りながらも、後継の皇帝によって左右されたのである。

　211年、ブリタニア遠征中にセプティミウス・セウェルス帝が病死すると、長男カラカラと次男ゲタが共同統治を行うことになった。しかし、二人は子供の頃から仲が悪く、ついに212年2月カラカラ帝はゲタ帝を暗殺し、彼に対する「記憶の断罪」を決議させる。この「記憶の断罪」の決議は、カラカラ帝が兄弟殺しの汚名を逃れるためのものであった。「記憶の断罪」によりゲタを悪帝と公式に判定させ、その悪帝を排除することによりローマを救った、と自身を正当化しようとしたのである。この時の「記憶の断罪」は、以前のネロ帝やドミティアヌス帝に対するものと比べ、徹底して行われた。碑文を見ると、ゲタ帝の名前のみが削り取られているものは少なく、称号全体が注意深く完全に削除されている事例と、称号全体が消された上で、カラカラ帝や父セプティミウス・セウェルス帝の称号が刻み直されている事例が目立つ。

　中でも特に有名なものが、現在もローマのフォロ・ロマーノに残る、「セプティミウス・セウェルス帝の凱旋門」に刻まれた碑文である。パルティアでの戦勝を記念し、203年、ローマの元老院と民衆によって建てられた当初は、セプティミウス・セウェルス帝と二人の息子に捧げられると刻まれた（碑文カタログ2-④参照）。

第1部 碑文でたどるローマの歴史・社会

セプティミウス・セウェルス帝の凱旋門の碑文
「記憶の断罪」により刻み直された跡が残る

　マルクスの息子インペラトル・カエサル・ルキウス・セプティミウス・セウェルス・ピウス・ペルティナクス・アウグストゥス、国父、パルティアの征服者、アラビアの征服者とアディアベネの征服者、大神祇官、護民官職権11度、最高司令官歓呼11度、執政官3度、プロコンスルに対して、そしてルキウスの息子インペラトル・カエサル・マルクス・アウレリウス・アントニヌス・アウグストゥス・ピウス・フェリクス、護民官職権6度、執政官、プロコンスル、そしてルキウスの息子ププリウス・セプティミウス・ゲタ、最も高貴なるカエサルへ。国の内外でのその著しい美徳によって、国家を再建し、ローマの民衆の支配領域(インペリウム)を広げたために、ローマの元老院と民衆が（捧げた）。

　しかしゲタ帝が殺されると、「そしてルキウスの息子ププリウス・セプティミウス・ゲタ、最も高貴なるカエサルへ」（上記下線部）という彼の称号は削られ、代わりに「国父へ、最善で最強の元首たちへ」という表現が刻み直され、セプティミウス・セウェルス帝とカラカラ帝の二人に捧げられたかのように変えられ

第2章　皇帝たちのローマ

アルジェンターリのアーチ

た。このうち、「国父」は、その直前に刻まれたカラカラ帝の称号が延長されたものであり、「最善で最強の元首たちへ」という表現は、セプティミウス・セウェルス帝とカラカラ帝の二人を、繰り返して指している。

　ところで、カラカラ帝は、弟の前に、妻フルウィア・プラウティッラも殺害させた上、「記憶の断罪」を実行している。ローマの真実の口の広場の近くに残る「アルジェンターリのアーチ」には、妻と弟に対する、二段階にわたる「記憶の断罪」の跡が見られる。「アルジェンターリのアーチ」は、204年、セプティミウス・セウェルス帝と妻ユリア・ドムナ、息子カラカラと妻、そしてゲタに対して、金融業者とフォルム・ボアリウムの家畜の商人たちによって捧げられた。しかし、まず最初にフルウィア・プラウティッラとその父プブリウス・フルウィウス・プラウティアヌス、次にゲタが殺された後、碑文から名前、レリーフから肖像が

削られた。「セプティミウス・セウェルス帝の凱旋門」と同様、三人の名前は完全に削除された上、ゲタとプブリウス・フルウィウス・プラウティアヌスの名前の上にはカラカラ帝の称号、プラウティッラの名前の上にはユリア・ドムナの称号などがきれいに刻み直された。アーチの柱の内側のレリーフを見ると、左側にはカラカラ、右側にはセプティミウス・セウェルスとユリア・ドムナが、宗教的な儀式を行っている場面が描かれている。しかし両方のレリーフから、ゲタとプラウティッラ父娘の像が削り取られている。このようにカラカラ帝は、前の時代よりも徹底して「記憶の断罪」を実行したことがうかがえる。

ゲタ帝の暗殺から5年後の217年、パルティア遠征中にカラカラ帝は暗殺された。暗殺の首謀者マクリヌスが次の皇帝として承認されたが、カラカラ帝の母方の従姉妹の息子エラガバルスによって倒される。しかし、14歳で皇帝となったエラガバルスは悪帝として有名であり、4年後、殺害された。続いて、エラガバルス帝の従兄弟アレクサンデルが222年に即位したが、軍隊を敵にまわし、235年、遠征中に殺害された。このようにセウェルス朝の皇帝たちは、セプティミウス・セウェルス帝以外は暗殺され、そしてセプティミウス・セウェルス帝とカラカラ帝は神格化されたが、ゲタ帝、マクリヌス帝、エラガバルス帝には「記憶の断罪」が決議された。アレクサンデル帝は、一度「記憶の断罪」を決議され、後に神格化されたが、碑文ではあまりその影響が見られない。セウェルス朝期の不安定な政治状況下で頻発した「記憶の断罪」が、この頃には形骸化していたことがうかがわれるのである。こうして、帝国と皇帝権力の維持が困難になる中、セウェルス朝はアレクサンデル帝の死により断絶し、軍人皇帝の時代へと入っていく。

(中川亜希)

第3章
ローマ帝国終焉への道

　ローマ帝国の「滅亡」はいかに語られるべきなのだろうか。その理由を考えだすときりがない。ゲルマン人の侵入のせいだという人もいれば、キリスト教の影響だという人もいる。あるいは、繰り返されたローマの失政ゆえだと考える人もいるし、気候の寒冷化を重視する人もいる。一説によれば、これまでに挙げられたローマ帝国の滅亡原因は200以上に上るという。むろん、この章でそれらの滅亡原因の是非を一つずつ論じることはできない。これから見ていくのは、3世紀の「危機」とされる時代から、ローマ帝国の西方支配が破たんする5世紀半ばまでの、碑文から垣間見えるローマ社会の様子である。

　235年にセウェルス朝が断絶してから284年にディオクレティアヌス帝が即位するまでの半世紀、帝国は「危機」に苦しんだという。第1節では、その「危機」とされる時代の様子を見ていくことになる。碑文からもこの時代の緊迫した政治状況を読み取ることはできる。しかし、それと同時に、広大なローマ帝国が「危機」一色に染まっていたわけではないことも、この時代の碑文は教えてくれる。

　この「危機」の後、ディオクレティアヌス帝は様々な改革を行った。その一連の改革を理解する上で、碑文の果たす役割は小さくない。特に重要なのは、301年に発布された最高価格令の碑文である。コンスタンティヌス帝の時代になると、キリスト教が公認され、コンスタンティノポリスという新たな都が建設された。碑文の上でも次第にキリスト教の影響が目立つようになっていく。また、コンスタンティノポリスの建設が象徴的に示しているように、3世紀の「危機」の時代から、皇帝たちは次第に首都ローマを離れていった。それに伴って、首都ローマは政治的重要性を失った、と言われている。しかし、この時代にも、首都ローマでは元老院議員たちを中心に、いくつもの碑文が残された。キリスト教の影響が強まり、ゲルマン人の圧力が迫る中で刻まれた碑文は、共和政期や帝政前期と比べて末期のローマ社会がどのように変わっていたのか、あるいは変わっていなかったのか、を考える手がかりを与えてくれるだろう。

第1部 碑文でたどるローマの歴史・社会

第1節 3世紀の「危機」?

「ローマへの愛」ゆえの死

　235年3月、皇帝アレクサンデル・セウェルスは、ライン河畔のマインツで旗下の兵士たちによって殺害された。これによってセウェルス朝は断絶し、以後、ローマ帝国は半世紀にわたって短命の皇帝が続く政治的な混乱期を迎える。この「3世紀の危機」とも呼ばれる時代の最初の皇帝が、マクシミヌス、通称「トラキア人（トラクス）」である。この皇帝の政権は、3年後、238年初頭に北アフリカで勃発した反乱がきっかけとなって崩壊するが、その反乱で死亡したある人物の墓碑には次のように刻まれていた（碑文カタログ4-⑤参照）。

> ルキウス・アエミリウス・セウェリヌス、またの名をフィリュリオ、は、おおよそ66年生き、ローマへの愛ゆえに、かのカペリアヌスに捕えられて死去した。

エル・ジェムの円形闘技場　北アフリカで起こった反乱の頃に建設された

第3章　ローマ帝国終焉への道

　皇帝に対して反乱を起こして死亡した理由が「ローマへの愛ゆえ」だったとは、どういうことだろうか。この時代のローマ帝国に起こっていた変化を、この碑文が作られた当時の状況から考えてみよう。

　この反乱の経緯は、同時代の歴史家ヘロディアノスが伝えている。それによれば、ことの起こりは現在のチュニジア中部に位置するエル・ジェムで、帝国の役人を地元の若者たちが殺害したことだった。ヘロディアノスによる限り、その殺害は偶然ではなく明らかに故意によるものなのだが、彼らの思惑ははっきりしない。マクシミヌス・トラクス帝の強欲が引き起こした重税への反発だった、というのが一般的な見方だろう。青年たちは自らの罪が罰せられることを恐れ、折よく同地に滞在していた属州アフリカ・プロコンスラリス総督ゴルディアヌスを無理やり新たな皇帝に押し立てた。ゴルディアヌスはこの時80歳だったと言われ、青年たちに促されるままに属州首都たるカルタゴへと戻った。

　この事件の一報を受けると、マクシミヌス・トラクス帝を嫌っていたローマの元老院は、直ちにゴルディアヌスを皇帝として承認した。しかし、北アフリカの反乱は瞬く間に潰え去る。北アフリカに駐屯していた唯一の軍団を指揮するカペリアヌスが、マクシミヌス帝への忠誠を貫いたからである。このカペリアヌスこそ、先の墓碑に登場し、この人物を殺害した、と述べられていた人物である。カペリアヌスは指揮下の軍団を率いてただちにカルタゴへと向かい、その報告を聞いたゴルディアヌス帝は早々に首をつった。共同で皇帝とされていたゴルディアヌス帝の息子（ゴルディアヌス2世）は、カルタゴの警備隊や市民有志を率いて戦ったものの、あえなく敗北し、この世を去った。カルタゴに入ったカペリアヌスは、反乱に加担した各地の市民を弾圧したと伝えられている。

　さて、先に述べた「ローマへの愛」を理解する上で、この一連

の動きの中に注目すべきポイントが存在する。北アフリカでの反乱勃発の報を受けた時の、ローマの元老院の反応である。元老院は、わずか3年前に自ら承認した皇帝を、なぜかくも簡単に見捨てたのだろうか。その理由は、実は至極単純である。すでに述べた通り、元老院はマクシミヌス・トラクス帝を嫌っていたからである。とはいえ、この元老院と皇帝の対立という事態は、当時のローマ帝国が経験していた変化を象徴的に示している。もう少し詳しく説明しておこう。

　マクシミヌス帝と元老院の関係が上手くいかなかった理由は、彼の出自にある。アウグストゥス帝以来、皇帝はローマ市民の第一人者(プリンケプス)であり、原則として元老院議員から選ばれるか、その血縁の人物だった。マクシミヌス帝より前に、マクリヌスという短命の騎士身分出身の皇帝(在位:217-218年)がいたものの、彼は近衛長官を務めた皇帝の側近であり、もともと首都ローマの政治の中心に身を置いていた。元老院議員たちにとっては、いわば馴染みの人物だったと言える。それに対し、マクシミヌスは元老院議員ではなかった上に、軍隊に擁立された軍人上がりの人物で、首都の元老院議員たちとはほとんど面識がなかった。しかも、235年の即位後も前線に留まり続け、首都ローマに現れることはなかったのである。元老院との関係が良好であろうはずはなかった。他方、北アフリカで新たに擁立されたゴルディアヌスは元老院の重鎮であり、ローマにも知己が多かった。ローマの元老院の判断は、彼らにとってはごく当然のものだったと言える。元老院は新皇帝を承認し、各属州にも新皇帝への忠誠を求めたのである。

　しかし、内乱に際して、軍事力を持たない元老院の判断が完全に尊重されることはなかった。各地の属州総督たちの判断は割れた。ある者はマクシミヌス帝への忠誠を保ち、またある者は元老院の意向を尊重して新皇帝への忠誠を誓い、そして様子見を決め

込んだ者もいただろう。そんな中で、属州アフリカ・プロコンスラリスに隣接し、軍団指揮権を持つ属州ヌミディア総督カペリアヌスはマクシミヌス帝への忠誠を守り、この反乱をわずか3週間で鎮圧した。そして、ルキウス・アエミリウス・セウェリヌスは、「ローマへの愛ゆえに」死ぬことになったのである。彼の墓碑が発見されたのは、現在のアルジェリア東部、テベッサ近郊であり、この反乱がエル・ジェムやカルタゴの近郊だけではなく、北アフリカの比較的広い範囲に広がっていたことを示している。

　この北アフリカの反乱が潰えた後、ローマの元老院は独自に二人の皇帝を選出してマクシミヌス・トラクス帝に対抗した。北方からローマへ向かって進軍していたマクシミヌス帝は、北イタリアの要衝アクィレイアの攻略に手間取り、配下の兵士によって暗殺された。元老院によって選ばれた皇帝たちも、間もなく近衛隊の暴動で殺害され、結局、帝国は死んだゴルディアヌス帝の孫、幼いゴルディアヌス3世の手に委ねられることになった。このゴルディアヌス3世の時代には、マクシミヌス帝への忠誠を保ったカペリアヌスの行動の方が断罪されることになった。そのような時代になって初めて、このルキウス・アエミリウス・セウェリヌスは「ローマへの愛ゆえに」死んだと公に主張することができるようになったのである。

　この238年の一連の出来事は、軍隊の気まぐれな支持に振り回され、蛮族との戦いに忙殺されるこの時代の皇帝の姿を象徴的に示している。この後、北方からはゲルマン人が、東方からはペルシア帝国が侵入を繰り返し、皇帝たちはそれらへの対応を迫られた。短命の政権が続いたことで政治の混迷は深刻さを増し、260年にはペルシアとの戦いに赴いた皇帝ウァレリアヌス（在位：253-260年）が捕虜にされるという事態まで生じる。跡を継いだ息子のガリエヌス帝（在位：253-268年）にはウァレリアヌス帝を救い出す余力はなく、この事件によって皇帝の権威は失墜した。ガリアで

第1部　碑文でたどるローマの歴史・社会

は分離帝国が形成され、東方ではシリアの隊商都市パルミラが勢力を拡大していく。帝国が3世紀に直面した政治的な「危機」は、ここでピークを迎えたと言える。この時代、ガリアや東方では、ガリエヌス帝ではなく、それぞれの地域で「皇帝」とされていた人物の名が、里程標石を始め、多くの碑文に刻まれている（e.x. *ILS* 560-567; *AE* 1958, 58; *AE* 1969/70, 415...）。

政治の混乱と軍人の台頭

　この危機的状況にあって台頭してきたのが、ドナウ川沿岸、イリュリア地方出身の軍人たちである。まず、ガリエヌス帝の死後、最初に帝位に就いたのがクラウディウス2世（在位：268-270年）だった。彼は「ゴティクス」とあだ名され、ゴート族に対して勝利をおさめたことで知られている。後の時代には、コンスタンティヌス帝が自らのルーツをこの皇帝に求めたほどだった。

　この皇帝の治世はわずか2年と短かったものの、帝国の再統一へ向けた動きが始まっていた。その一端を示す碑文がフランス南東部、グルノーブルで発見されている。当時、現在のフランスを中心とするローマ帝国北西部は「ガリア帝国」と呼ばれる分離帝国を形成していた。グルノーブルはイタリアからガリアへ進攻する入口に位置しており、この地に派遣された軍部隊によってクラウディウス・ゴティクス帝に捧げられた碑文を現在でも目にすることができる（碑文カタログ2-⑤参照）。

> 属州ナルボネンシス駐屯の分遣隊と騎兵隊、およびその指揮官と20万セステルティウス級のプロテクトルたちが、ペルフェクティッシムス級の夜警長官ユリウス・プラキディアヌスの配慮の下（クラウディウス・ゴティクス帝に捧げた）。

第3章　ローマ帝国終焉への道

　ここで「分遣隊と騎兵隊」と訳した部隊は、おそらくガリエヌス帝によって整備された機動軍のことを示すものと考えられている。従来の国境地帯に張り付いた軍団だけでは、危機的な情勢に対応できなくなっていたのである。また、ここに登場する「プロテクトル」という軍人たちも3世紀半ばに登場したもので、皇帝の信頼厚い軍人たちだった。さらに、この碑文を捧げるにあたり責任を負った人物として、夜警長官だったユリウス・プラキディアヌスの名も挙げられている。グルノーブル近郊で見つかった別の碑文は、彼がこの後間もなく、騎士身分のキャリアでは最高位となる近衛長官に昇進したことを伝えている（*CIL* XII 1551）。この碑文を捧げた人々の地位は、帝国の再統一へ向けた皇帝の意欲を示しているように思われる。ただし、理由は定かではないものの、この時点では「ガリア帝国」への進攻は実施されなかった。「ガリア帝国」の再統合は、次のアウレリアヌス帝の時代に達成されることになる。

　クラウディウス・ゴティクス帝は、270年、疫病によりその短い治世を終えた。その後、一時的な混乱を経て、政権を握ったのがアウレリアヌス帝である。彼もまたイリュリア出身の軍人皇帝であり、出自は低いながらも軍功によって出世を果たした。彼はまず北方からのゲルマン人の侵入を撃退すると、272年、東方で勢力を拡大していたパルミラの制圧にとりかかった。当時のパルミラは、女王ゼノビアの指導の下、エジプトから小アジアに至る広大な領域を支配下に置いていた。しかも、ゼノビアの息子は「皇帝（アウグストゥス）」を名乗り、明らかにローマ皇帝の権威を否定していたのである。パルミラの支配下にあった地域からは、ゼノビアの息子ウァバラトゥスを「アウグストゥス」と呼んだ碑文も発見されている（*ILS* 8924）。

　アウレリアヌス帝は数度にわたってパルミラ軍を撃破し、パルミラ市を包囲した。272年にパルミラは降伏したが、翌年再び反乱

第1部　碑文でたどるローマの歴史・社会

ローマ市のアウレリアヌス帝の城壁
蛮族の侵入に備えてアウレリアヌス帝によって建設された

を起こし、最終的にこの都市は破壊された。274年には「ガリア帝国」の皇帝だったテトリクスもアウレリアヌス帝に屈し、帝国の再統一が達成される。アウレリアヌス帝は、ゼノビアとテトリクスを伴ってローマ市で凱旋式を行った。アウレリアヌス帝は、いくつかの碑文にも刻まれている通り「世界の再建者（Restitutor Orbis）」となったのである（e.x. *CIL* XII 5456 = *ILS* 577; *CIL* VIII 10217 = *ILS* 578）。

アウレリアヌス帝は、幣制改革や太陽神（ソル）信仰の導入など、軍事面以外でも積極的な政治を展開していった。北アフリカのとある地方都市では、こんな碑文まで製作されている（*CIL* VIII 4877 = *ILS* 585）。

Deo Aureli/ano, r(es) p(ublica) c(oloniae) / Tu(bursicitanae).

> 神たるアウレリアヌスに対し、トゥブルシク（・ヌミダルム）植民市が（捧げた）。

　この碑文で、アウレリアヌス帝は「神（deus）」と呼ばれている。死後に神格化された皇帝に付される「神君（divus）」という呼び名ではない。この碑文は彼の生前に作られたものだったと考えられているが、皇帝権の強化を図ろうとする皇帝の意思をここに見出すこともできるかもしれない。しかし、275年秋、ペルシア遠征に向かう途上のトラキアで、彼は暗殺された。帝国の再統一は達成されたとはいえ、284年に即位するディオクレティアヌス帝の治世まで、政治の安定が回復されることはなかったのである。

「3世紀の危機」をめぐって

　それでは、この半世紀に及んだ政治的な混乱は、帝国が滅亡の瀬戸際に立たされた「危機」だったのだろうか。この節の最後に、その点を考えてみよう。

　これまで述べてきた通り、セウェルス・アレクサンデル帝の死からディオクレティアヌス帝の即位に至る半世紀が、政治的・軍事的な混乱期だったことは否定しがたい。ゲルマン人やペルシア帝国との戦いや打ち続いた内乱によって皇帝権は弱体化し、短命の皇帝が続いた。政治の不安定さをもって、この時代を「危機」ととらえることも、むろん不可能ではない。しかし、近年では、その影響がどれほど深刻なものだったのか、研究者の間でも意見は分かれている。

　そもそも、ゲルマン人やペルシア帝国の軍隊が半世紀にわたってローマ帝国内に居座り続けたわけではない。この時代、北方のゲルマン人の目的は、基本的には略奪によって戦利品を得ることにあった。その侵入は散発的なものであり、時に大敗することも

あったにせよ、基本的にはローマ軍は勝利し続けていた。ゲルマン人はローマ側に雇われて兵士となることもあるなど、永続的に対立関係にあったわけではないことにも注意すべきだろう。ペルシアとの関係について言えば、3世紀前半に成立したササン朝が、以前のパルティア王国に比べ攻撃的で、領土的野心が強かったことは確かである。ペルシア帝国の攻勢が強まり、ウァレリアヌス帝が捕囚となるなど、以前と比べ戦況が悪化したことは否定しがたい。そのペルシアとの関係にしても、多くの場合、戦いが行われたのはメソポタミア、あるいはシリアの内陸部でのことであり、その戦いは断続的なものではあっても、途切れなく続いたわけではなかった。ローマとペルシアの抗争はササン朝の滅亡まで続くものであり、3世紀に特有の事情ではない。共和政末期にはクラッススが大敗を喫したし、4世紀にはユリアヌス帝がペルシアとの戦争で命を落としている。他方、トラヤヌス帝によるメソポタミア占領は言うまでもなく、3世紀後半にも、カルス帝（在位：282-283年）やガレリウス帝（副帝：293-305年、正帝：305-311年）はペルシアの首都クテシフォンに迫るほどの勝利をあげている。ローマ側が一方的な敗北を喫していたわけではないのである。

　3世紀の政治的混乱は、ゲルマン人やペルシア帝国の侵入の激化に従来の仕組みが対応しきれなかったがゆえに生じたものであり、それは帝位の不安定化となって現れた。しかし、その政権の不安定化が直ちに社会不安を引き起こし、経済を悪化させたのかどうかは別問題である。不安や不満を示す文書の多くが、迫害にさらされたキリスト教徒やユダヤ教徒、あるいは政治的権力を失いつつあった元老院に近い立場の人物の手によるものだったことは注目すべき点である。また、兵士への支払いが増加したために貨幣が粗製濫造され、その品質が悪化したと言われるが、それによって引き起こされたというインフレーションが実社会に与えた影響ははっきりしない。少なくとも、貨幣が用いられなくなって

実物経済化した、という古典的な見方はもはや支持されておらず、むしろ、貨幣発行量の増大と帝国による貨幣発行の独占によって、貨幣経済化がより進展した、という見方もある。

このように、「危機」一色に塗りつぶされてきた感のあるこの時代の見方は大きく変わりつつある。ここでは、その根拠となる碑文を一つ紹介したい。その碑文は、現在のチュニジア中部、マクタールという都市で発見された墓碑である。死者の名は分かっていないが、しばしば「マクタールの収穫夫」と呼ばれる人物である（碑文カタログ4-⑥参照）。

その墓碑は韻文で刻まれているが、おそらくは彼自身の言葉をもとにして、その人生を振り返った言葉が並べられている。それによれば、彼は家も財産もない貧しい家庭に生まれた。実りの季節ごとに彼は最初の収穫者となって、誰にも後れをとることなく働いた。そして、人夫たちの班長となり、ついに一家を構えた。さらには都市参事会へと入り、最高の栄誉まで与えられた。子供ができ、かわいい孫たちにも恵まれた、という。そして、彼はそ

マクタールのフォルム跡（チュニジア）

の最後の言葉をこう締めくくる。

死すべき者たちよ、非難されること無き人生を送ることを知りなさい。偽りなく生きた者は、かくのごとき死を迎えられるのだから。

　彼は社会的な上昇を果たし、満足のうちに安らかな人生の終わりを迎えることができた。このような内容ゆえに、発見直後は、3世紀初頭、北アフリカが好景気に沸いていたセウェルス朝時代に生きた人物だったと考えられていた。しかし、この墓碑の形式の分析などから、現在では、この墓碑が刻まれたのは260-270年頃——分断状態にあった帝国がようやく再統一を遂げつつある時期——のことだったとされている。彼が生きた時代は、帝国がまさに「危機」に陥っていた時期にあたる。その状況にあっても、彼は懸命に日々を生き、底辺から這い上がり、幸福な死を迎えることができた。少なくとも、そう彼は主張している。皆がただ「不安」におびえながら生きていた時代などではなかったのである。

　ただし、この墓碑の発見されたのが北アフリカだったことに留意すべきかもしれない。北アフリカは、ゲルマン人の侵入が相次いだ北方や、ペルシアの脅威にさらされた東方とは異なり、深刻な外敵の脅威にさらされることはなかったからである。とはいえ、スペインやイタリア南部など、似たような地域は少なくない。こういった地域では、外敵の脅威を自らのものとして感じ取ることもなかっただろう。他方、ガリアやイリュリアなど、外敵の侵入にさらされた地方では、全く異なる状況が見られたのかもしれない。いずれにせよ、広大なローマ帝国が3世紀の「危機」とされる時代に蒙った影響は、地域によっても大きく異なっていたのである。

第2節　改革の時代
——ディオクレティアヌスからコンスタンティヌスへ

ディオクレティアヌス帝の諸改革

　284年11月、ディオクレティアヌスは小アジアのニコメディア（現在のイズミット）で帝位に就いた。この後、彼の治世は20年以上にわたって続き、その即位に先立つ半世紀に及ぶ政治的混乱に終止符を打った。彼は、自ら任命した同僚皇帝たちと共に内憂外患に対処し、行政制度や宮廷儀礼、税制、貨幣制度など、様々な分野で改革を推し進めていった。

　彼の行った諸改革を考えるに際して、碑文の果たす役割は小さくない。その中でも特に重要なのが、301年に発布された最高価格令を記録した碑文群である。最高価格令は、その名の示す通り、モノやサービスの最高価格を定めたものである。この勅令を記録した碑文の大半は、その一部を残す断片にすぎないが、これまでにおよそ130点発見されている。その多くは主にエーゲ海沿岸を中心とした地中海世界東方で発見された。東方の副帝だったガレリウスが担当していた地域で集中的に発見されていることから、最高価格令の制定・施行にガレリウス帝が密接に関わっていたと想定する研究者もいる。

　それでは、この最高価格令はどのような内容を持っていたのだろうか。これまでに発見された数多くの碑文の断片をジグソーパズルのように組み合わせることによって、現在では、その内容の多くの部分が再現されている。

　冒頭にはディオクレティアヌス帝とその同僚たちの名前が刻まれた。まずはディオクレティアヌス、次に同じく正帝だったマクシミアヌス、そして副帝だったコンスタンティウス・クロルスとガレリウスの名前が続く。実際の碑文には正式な皇帝の称号が刻

まれており、彼らの正式な名前だけで数行に及ぶことになった。彼らが勝利をおさめた蛮族に対する征服称号や、最高司令官として歓呼された回数、執政官の就任回数なども刻まれており、皇帝の正式な称号は非常に仰々しいものだった。

それに続く序文では、ディオクレティアヌス帝がこの最高価格令を出すに至った理由が縷々説明される。そこでは、商人たちの貪欲が厳しく糾弾され、こう主張されている（碑文カタログ5-⑤参照）。

> **貪欲で自制力を欠く者どもにあっては、自発的にではなく必要に迫られてのみ万人の財産を荒らすことを放棄する、ということが一種の信条の如く思われている有様なので、さらに、極貧状態により最も悲惨なる状況を認識するに至った人々にとってはこれ以上目をつぶっていることはできぬので、人類の父たる我等は将来を慮り、正義が調停者として事態に介入すべきであると決した。**

特に、軍の派遣された場所での物価高騰が批判され、兵士とそれを支える納税者を強欲な商人から守ろうとする意図が鮮明にされている。そして、そのために物価の上限を定めることが明示され、さらに、それに違反する者は死刑をもって罰せられることも規定された。

そして、この後、1000件以上に及ぶモノとサービスの最高価格のリストが続く。小麦やワイン、オリーブオイルと言った食料品から、農業労働者や各種の職人の賃金、はては様々な地域間の運送料まで、多岐にわたる項目が存在したことが知られている。しかも、ワインやオリーブオイルといった商品の値段については、産地や等級による価格の違いまでリストで言及されており、最高価格令発布に至る事前の入念な準備をうかがわせる。

第3章　ローマ帝国終焉への道

　すでに述べたように、最高価格令を刻んだ碑文のほとんどは断片であり、このリストはそれらを組み合わせて再構成されている。この長大なリストが実際にどのような形で提示されたのか、確実なことを言うのは難しい。おそらく、最高価格令の碑文が発見された40か所以上の都市それぞれによって、また、その属州を担当する総督の裁量によって、その提示方法は異なっていただろう。例えば、小アジア南西部に残る都市遺跡アフロディシアスではアゴラに隣接するバシリカの前で発見されたし、同じくストラトニケーアでは参事会議場（ブーレウテーリオン）の壁に刻まれている。いずれにせよ、この長大なリストのもたらす視覚的なインパクトは相当なものだったに違いない。様々なローマ史関連史料の複製を展示するローマ文明博物館（ローマ市エウル地区）では、最高価格令も原寸大で復元しようと試みられているが、完全な形で残る実物がないために半端な印象は否めない。それでも、巨大な展示室の壁一面を覆う価格リストを目にすれば、最高価格令発布に対する皇帝の意気込みを感じ取ることができるだろう。

　それにもかかわらず、最高価格令の実効性には疑問が示されて

トルコ、アフロディシアス遺跡のバシリカ付近の様子
ここからも最高価格令の碑文の断片が発見された

いる。物価の統制は高度な官僚制の発達した近現代でも極めて困難である。まして、発達しつつあったとはいえ、官僚制の未熟な当時のローマ帝国において、最高価格令の完全な施行がほとんど不可能だったことは想像に難くない。実際、同時代人であるラクタンティウスは最高価格令の発布に言及し、市場を混乱させ多くの人々の破滅を招いたにすぎない、として批判している(『迫害者たちの死について』7, 6-7)。ただし、キリスト教徒の修辞学者であり、迫害者たるディオクレティアヌス帝に批判的なラクタンティウスの筆致をそのまま受け入れることもできない。少なくとも帝国の役人たちはこの勅令を守らざるをえない立場にあったのであり、一定のインフレ抑制効果があったと認める意見があることも忘れるべきではないだろう。

　ところで、ここで挙げたラクタンティウスや、「教会史の父」エウセビオスが伝えるように、ディオクレティアヌス帝は303年にキリスト教徒迫害を開始した。この迫害は、305年のディオクレティアヌス退位でも終わらず、311年まで8年に渡って続くことになる(ラクタンティウス、同10-34;エウセビオス『教会史』VIII)。その結果、ディオクレティアヌス帝は改革者としてのイメージを持つと同時に、キリスト教徒の迫害者としての印象も強い。むしろ、ディオクレティアヌス帝と言えばキリスト教徒の迫害者、というのが一般的な印象かもしれない。事実、ラクタンティウスやエウセビオスの記述から、ディオクレティアヌス帝は4回にわたってキリスト教徒の迫害を命じる勅令を発布したことが分かっている。しかし、それにもかかわらず、キリスト教徒迫害を命じた勅令が刻まれた碑文は一点の断片すら発見されていない。ラクタンティウスやエウセビオスが懸命にその勅令の記録を残したことを考えれば、もし迫害令が価格令ほどの熱意を持って石に刻まれて発布されたのなら、それが現在まで全く残らなかったというのは信じがたい。この出来事が、当時の――あるいは後代の――キリスト

教徒にとって重大事件だったことは確かだとしても、他方、政権側の人々からすれば、一部の住民に関わるだけの、最高価格令と比べれば小さな出来事にすぎなかったのではないだろうか。キリスト教徒がその数を次第に増加させ、影響力を強めつつあったのだとしても、碑文から見たこの時代の印象は、彼らの示すイメージとは大きく異なっているのである。

コンスタンティヌス帝と新しい時代の始まり

　すでに述べたように、305年にディオクレティアヌス帝は同僚だったマクシミアヌス帝ともども退位した。副帝だったコンスタンティウス・クロルスとガレリウスが正帝に昇格し、新たに別の二人の副帝が任命されている。しかし、この後継体制は、わずか1年でコンスタンティウス・クロルスが死去したために崩壊した。この後、皇帝たちの間で対立が生じて行くが、その政治的混乱を収拾して最終的に帝国の統一を回復したのが、コンスタンティウス・クロルスの息子、コンスタンティヌスである。コンスタンティヌスは、父の死後、その軍団の推挙で帝位を称し、次第に勢力を拡大していった。312年にはローマにいた僭称帝マクセンティウスを倒して西方を統一、324年には東方のリキニウス帝を破って帝国の再統一を果たすことになる。

　このコンスタンティヌス帝は、ディオクレティアヌス帝の諸改革を引き継いで様々な施策を行ったが、他方、初のキリスト教徒ローマ皇帝として、歴史上、ディオクレティアヌス帝とは対照的な位置を占めている。ディオクレティアヌス帝の始めたキリスト教徒迫害を終わらせたのは、コンスタンティヌス帝が313年に出した所謂「ミラノ勅令」ではなく、ディオクレティアヌス帝の実質的な後継者だったガレリウス帝が出した311年の寛容令である。しかし、コンスタンティヌス帝が教会の後援者であり、陰に陽に

第1部 碑文でたどるローマの歴史・社会

様々な支援を与えたことは否定できない。このような彼の姿勢は、碑文での表現にも微妙な影響を及ぼすことになった。

現在、ローマの町を歩くと、コロッセオの横にコンスタンティヌス帝の凱旋門を目にすることができる。この凱旋門は、312年に彼がマクセンティウスを破ったことを記念して、ローマの元老院と民衆が彼に捧げたものである。そこに刻まれた碑文は現在でもはっきり読み取ることができるが、注目されているのは、奉献理由を示す中で使われている神を示す表現である（碑文カタログ2-⑥参照）。

神的なるものの導きによって、卓越した精神により、自ら軍を率いて正しき武力で国家を暴君（＝マクセンティウス）からも、そしてその党派のいずれからも一斉に解放したので（ローマの元老院と民衆が記念門をコンスタンティヌス帝に捧げた）。

問題となるのは、この「神的なるもの（divinitas）」という表現

コンスタンティヌス帝の凱旋門とコロッセオ

であり、伝統的な多神教の神々を示すものとも、あるいはキリスト教の神を示すものとも理解されうる。

　コンスタンティヌス帝がいつからキリスト教を奉じるようになったのか、はっきりしたことは分かっていない。ラクタンティウスやエウセビオスの伝えるところによれば、コンスタンティヌス帝はマクセンティウスとの最終決戦の前に神の啓示を受けたという。他方、コンスタンティヌス帝が親キリスト教的な立場を明確にするのは帝国の再統一を達成した324年以降のことであり、洗礼を受けたのは337年、死の床でのことだった。洗礼を臨終直前に受けるのはこの時代には珍しいことではなかったが、彼のキリスト教信仰は、ある日突然回心したものではなく、312年以降、その生涯の中で徐々に形作られていったものだったと考えられる。皇帝の真の信仰を忖度する他なかった元老院としては、このような曖昧な表現でお茶を濁すより仕方がなかったのかもしれない。

　さて、このコンスタンティヌス帝は、初のキリスト教徒皇帝だったという事実と並んで、コンスタンティノポリスという新しい「首都」の創設者としても知られている。現在のイスタンブルである。324年にリキニウス帝を打ち破った直後から工事を開始し、330年には開都式典を挙行した。この後、歴代の東方の皇帝はコンスタンティノポリスに居住してその整備を進め、他方、西方の皇帝たちはローマを離れてミラノやラヴェンナで暮らすことが多くなった。ローマ市は依然として正式な首都であり、元老院が存在し続けたが、帝国内での地位は次第に低下していくことになる。

　このようなローマ市の地位低下は、コンスタンティヌス帝の治世に突然始まったわけではない。3世紀半ばの政治的混乱期、皇帝たちは蛮族の侵入してくる前線地帯に出陣し、その地で多くの時を過ごさざるをえなくなった。3世紀半ばからすでにローマ市は皇帝不在の都となっていたのである。四帝統治の時代には、ディオク

第1部 碑文でたどるローマの歴史・社会

碑文の解読に挑戦…③

コンスタンティヌス帝の凱旋門

　古代ローマ時代の遺跡が集中するフォロ・ロマーノ周辺は、今でも私たちに「永遠の都ローマ」を実感させてくれます。フォロ・ロマーノとコロッセオの間に立つ壮大なコンスタンティヌス帝の凱旋門に掲げられた碑文を訳してみましょう（碑文カタログ2-⑥参照）。

| Imp(eratori) Caes(ari) Fl(avio) Constantino |
| maximo p(io), f(elici), Augusto, | |

インペラトル・カエサル・フラウィウス・コンスタンティヌス
偉大であり敬虔にして幸運なるアウグストゥスに対して〈与格〉｜

S(enatus) P(opulus)q(ue) R(omanus), ｜
ローマの元老院と民衆が〈主格〉｜

quod	instinctu	divinitatis,
…ので	導きによって〈奪格〉	神的なるものの〈属格〉

mentis	magnitudine,
精神の〈属格〉	卓越によって〈奪格〉

cum exercitu suo	tam de tyranno	quam de omni eius factione
自らの軍とともに	暴君からも	その党派のいずれからも

uno tempore	iustis	rempublicam
一斉に	正しい〈奪格〉	国家を〈対格〉

ultus est	armis,
解放した	武力によって〈奪格〉

arcum	triumphis	insignem	dicavit.
記念門を〈対格〉	凱旋行進で〈奪格〉	装飾した〈対格〉	捧げた。

110

レティアヌス帝はニコメディア、マクシミアヌス帝はミラノ、コンスタンティウス・クロルス帝はトリーア、ガレリウス帝はテッサロニカ、という具合に、それぞれにとって辺境防衛に都合の良い場所で宮廷が営まれることが多くなった。残念ながら、コンスタンティノポリスも含め、これら一連の「新しいローマ」では碑文はそれほど発見されていない。トリーアで、コンスタンティウス・クロルス帝に対して捧げられた顕彰碑文が発見されている程度である（*CIL* XIII 3672）。この碑文を捧げたのは辺境防衛軍の指揮官（dux）であり、防衛強化の必要とローマ市の地位低下を同時に物語る貴重な碑文と言えるかもしれない。モーゼル河畔に位置するトリーアは、現在ではルクセンブルクとの国境に近いドイツの田舎町にすぎないが、この時代の宮殿や浴場の遺構が比較的良く残されている。コンスタンティウス・クロルス帝の跡を継いだコンスタンティヌス帝も少なくない時間をこの町で過ごし、イタリアへ、さらに東方へと進んでいったのである。

トリーアに残るバシリカ

第1部　碑文でたどるローマの歴史・社会

第3節　地中海世界のキリスト教化とローマ支配の終焉

キリスト教の拡大

　キリスト教は、1世紀にパレスチナの地に登場して以来、周囲との摩擦を繰り返しつつも次第にその信者数を増していった。3世紀半ばには、デキウス帝やウァレリアヌス帝といった皇帝たちの下で初めてキリスト教徒に対する組織的な迫害が行われた。ディオクレティアヌス帝治世の303年からは、数年にわたって「最後の」キリスト教徒迫害も行われている。

　しかし、コンスタンティヌス帝とその後継者たちがキリスト教に好意的な政策をとったことで、4世紀にはキリスト教徒の数は爆発的な増加を見せる。それに伴って、キリスト教徒の残した墓碑の数も急増した。現在まで残るラテン語碑文の大半は墓碑であり、ローマ人はもともと数多くの墓碑を刻んできた。それでは、キリスト教徒の増加に伴って、ラテン語碑文にはどんな変化が生じたのだろうか。

　最も分かりやすい変化は、キリスト教的なモノグラムの刻まれた石の増加である。すなわち、キリストのギリシア語での頭文字、キー（X）とロー（P）を組み合わせた印を目にする機会が多くなる。現在でも、ローマ市郊外でいくつか確認されているカタコンベの墓標を見れば、この時代の墓標にキー・ローの印が多いことに気づかされる。ただし、このキリスト教徒の増加が、キリスト教自体の変化も引き起こしたことを忘れてはならない。碑文上でしばしば見られる事例を紹介しよう。古代ローマの墓碑には、多くの場合、初めにD・Mの2文字が刻まれていた。「死者の霊に（Dis Manibus）」を意味するラテン語の頭文字であり、この2文字が冒頭にあればほぼ間違いなく墓碑だと判断できる。4世紀には、このD・Mという伝統的な墓碑の表記と、キリスト教的なX・P

のモノグラムが同居していることが少なくない。本来、「死者の霊」を示すD・Mの表記と、キリスト教の信仰は相いれないにもかかわらず、である。例えばこんな具合である（*ILCV* 3890D）。

D(is) M(anibus). / Iulio Marcello, / filio dulcissimo, / fecerunt parentes. ☧
死者の霊に。最愛の息子ユリウス・マルケッルスのために、両親が作った。

　この文面だけを見れば、一見するとかつての異教徒の墓碑との違いは分からない。しかし、この碑文の最後に刻まれたX・Pのモノグラムは、この死者、あるいはその両親が、まぎれもなくキリスト教徒だったことを示している。この異教的表現とキリスト教のモノグラムの共存という事態は、この時代に新たにキリスト教に改宗した人々が、少なからず異教的な心性を保っていたことを示しているように見える。実際、4世紀後半に活躍した教父アウグスティヌスは、かかる異教的な信徒の存在に言及している。4世紀は、ローマ社会のキリスト教化が進んだというよりも、むしろ異教とキリスト教の融合が深化した時代だったと考えるべきなのかもしれない。

　この時代は、現在へと続くキリスト教の基礎が固まった時代だったとも言える。325年にコンスタンティヌス帝臨席の下にニケーア（現イズニク）で開催された公会議は三位一体説を正統と定めたが、これ以降、皇帝と結びついた教会は異端論争を激化させていった。これらの異端との論争を通して、正統とされる教義も確立していったのである。

　そのような論争で活躍した教父の一人アウグスティヌスは、『告白』や『神の国』といった著作で知られているが、その母モニカを讃える碑文の一部が1945年にローマ郊外の港町オスティアで発

第1部 碑文でたどるローマの歴史・社会

見されている。その碑文は、現在でも発見場所であるオスティアの教会で目にすることができる。

> **アウグスティヌスよ、あなたの功績を証するもう一つの光である、この息子のいとも敬虔なる母は、その遺骸をここに残しました。そして、あなた(アウグスティヌス)は平安なる天上の法を守りつつ、司祭として、委ねられた人々を模範とすべき生き方で教え導いています。功業への称賛よりも大きな栄光があなた方を囲み、諸々の徳を持つ母(モニカ)は、この息子において、より一層幸いなのです。**

アウグスティヌスは現在のアルジェリア東部、古代にはタガステと呼ばれたスーク・アフラスという地方都市の出身だった。官界での出世を目指し、当時政治の中心だったミラノまで赴いたが、その地で回心し信仰の道へと入る。このアウグスティヌスのキリ

モニカの碑文のあるオスティアのサンタ・アウレア教会

スト教信仰には、母モニカの影響が大きかったと言われている。その様子は、アウグスティヌス自身の著書『告白』に詳しいが、モニカを讃える碑文も彼女の影響力を伝えるものだと言えよう。モニカが亡くなったのは387年、オスティアでのことだったが、この碑文に刻まれた文章が書かれたのは5世紀初頭である。教父として名を知られるようになったアウグスティヌスの母を讃えるために、彼女の死後しばらく経ってから製作されたらしい。この碑文は、キリスト教の社会的影響力が強まっていたことを反映したものなのである。

キリスト教の影響は、墓碑以外にもラテン語碑文のあり方に大きな変化を引き起こした。370年代後半には、皇帝グラティアヌスが歴代の皇帝が保持してきた「大神祇官（pontifex maximus）」という称号を放棄したのである。伝統宗教の最高神官であることを示すこの称号を放棄したことで、皇帝のキリスト教寄りの立場はより一層鮮明になった。碑文の上で皇帝の称号は次第に簡略化され、この称号も見られなくなる。

他方、異教の側にも時代の要請に合わせた変化が生じた。「背教者」ユリアヌスによる異教復興の試みは中途で挫折したとはいえ、ローマの元老院議員を中心に異教信仰は新たな形を生み出した。この時代の元老院議員たちは、アウレリアヌス帝によって導入された不敗太陽神の神官に引き続き就任していたほか、ヴァチカンの丘にあったフリュギア神殿でタウロボリウムの儀式を行い、マグナ・マテルとアッティスに対して碑文を捧げていた。不敗太陽神の信仰やタウロボリウムの祭儀といったこの時代の異教の形には不明な点も多いが、それらの信仰にまつわる碑文史料の存在は、元老院議員たちが引き続き異教的な心性を保持していたことを伝えている（e.x. *CIL* VI 503 = *ILS* 4151）。

第1部　碑文でたどるローマの歴史・社会

元老院とキリスト教

　4世紀後半には、ローマ帝国の西方と東方、それぞれを別の皇帝が治めることが常態化していった。西の皇帝は北方からのゲルマン人の侵入に備えてミラノで宮廷を営むことが多く、東方ではコンスタンティノポリスが次第に帝都としての威容を整えていった。

　このような情勢の中で、ローマ帝国全土を単独で統治した最後の皇帝がテオドシウスである。395年の彼の死去をもって「ローマ帝国の東西分裂」が生じたとされることが多いものの、同時代的には、あくまでも単一のローマ帝国を二人の皇帝が治めているという認識にすぎなかった。そもそも、テオドシウス帝が帝国全土を単独で治めていたのも、その死去に先立つわずか数ヶ月のことにすぎなかったのである。

　テオドシウスが皇帝となったのは、379年、東方を治めていたウァレンス帝がハドリアノポリスの戦いでゴート族に敗れた直後のことだった。西方を治めていたグラティアヌス帝がテオドシウスを東方の皇帝に任じたのである。そのグラティアヌス帝が383年に、弟のウァレンティニアヌス2世が392年にそれぞれ死去した後、西方ではエウゲニウスが帝位を称した。このエウゲニウスの「反乱」は、同時代のキリスト教徒たちによれば、キリスト教と異教の戦いだった。すなわち、依然として異教徒の牙城だった元老院の支持を受けたエウゲニウス一派とキリスト教を奉ずるテオドシウス「大帝」の戦い、という構図である。結局、394年9月、この「反乱」はテオドシウス帝の勝利に終わり、有力な異教徒元老院議員たちの記憶は断罪された。

　しかし、これをもってローマの元老院の政治的影響力が失われたわけではなかった。この反乱の記憶も薄れつつあった431年に、この反乱を主導した有力元老院議員ウィリウス・ニコマクス・フラウィアヌスの名誉が回復されたのである（*CIL* VI 1783 = *ILS*

第3章　ローマ帝国終焉への道

ローマ、トラヤヌス帝のフォロ
ここにニコマクス・フラウィアヌスの碑文が置かれていた

2948 = *AE* 2004, 19)。

Nicomacho Flaviano, cons(ulari) Sicil(iae), vicar(io) Afric(ae), quaest(ori) aulae / divi Theodosi, praef(ecto) praet(orio) Ital(iae), Illyr(ici) et Afric(ae) iterum, / virtutis auctoritatisq(ue) senatoriae et iudiciariae ergo / redita in honorem filii Nicomachi Flaviani, cons(ularis) Camp(aniae), / procons(ulis) Asiae, praef(ecti) urbi saepius, nunc praef(ecti) praet(orio) / Italiae Illyrici et Africae, ...

シチリア総督、アフリカ管区代官、神君テオドシウスの法制長官、イタリア・イリュリクム・アフリカ道長官2回を歴任したニコマクス・フラウィアヌスに対して、元老院での、また裁判での功績と権威ゆえに（捧げた）。息子であり、カンパニア知事、アシア総督、首都長官を歴任し、今やイタリア・

117

第1部　碑文でたどるローマの歴史・社会

> イリュリクム・アフリカ道長官たるニコマクス・フラウィアヌスの栄誉ゆえに、（この像が）元に戻された。(後略)

　この碑文にもある通り、この年、反乱後に記憶を断罪された元老院議員ウィリウス・ニコマクス・フラウィアヌスと同じ名をもつ彼の息子が、最高位の官職の一つである道長官に任じられた。彼の政治的影響力が強まる中で、父の名誉回復もはかられたのである。この後には、皇帝たちが元老院に宛てて送った名誉回復を認める書簡が続く。

　この碑文の存在は、ローマ市において、あるいはイタリアを始めとする帝国西方において、元老院議員たちが依然として隠然たる影響力を持っていたことを示している。他方、異教徒によるキリスト教徒皇帝に対する最後の反抗からすでに数十年を経て、皇帝たちがもはや異教の復活を恐れる必要がなくなっていたとも理解しうる。元老院議員たちも、この頃までには、少なくとも形の上では、キリスト教に帰依するようになっていた。

　とはいえ、ローマ人の——特に伝統を重視する元老院議員たちの——心性が完全に変わってしまうということもまたありえない。この名誉回復の12年後、443年にローマを地震が襲った。当時、ローマ市の行政を担う首都長官だったルフィウス・カエキナ・フェリクス・ランパディウスは、地震の被害を受けたコロッセオを修復させている（碑文カタログ3-⑤参照）。

> 平安なる我らが主、テオドシウス・アウグストゥスとプラキドゥス・ウァレンティニアヌス・アウグストゥスのために、クラリッシムスかつイッルストリス級の首都長官ルフィウス・カエキナ・フェリクス・ランパディウスが、円形闘技場のアリーナを、新たに（そこに面した）露台や裏手の門と同時に、観客席を修理した上で、修復した。

第3章　ローマ帝国終焉への道

　この碑文を見ると、ローマに住む人々にとって、コロッセオで開催される見世物が依然として重要であり続けたように思える。

　キリスト教の影響力が強まるのに合わせ、血なまぐさい剣闘士競技に対する批判は強まっていた。早くも、コンスタンティヌス帝治世の325年には、剣闘士競技の全面禁止を命じた法令が発布されている（『テオドシウス法典』XV, 12, 1）。しかし、『テオドシウス法典』や『ユスティニアヌス法典』といった現代まで伝わるこの時代の法律は、現在の法律とは似て非なるものであり、個々の事情に応じて発布されたものだった。訴訟において判例として法的拘束力を持ちえたにせよ、発布と同時に社会全体に影響を及ぼしえたわけではない。実際、この法律が出された10年ほど後になっても、皇帝礼拝の祭儀に合わせて剣闘士競技を開催することを、このコンスタンティヌス帝自身が認めていた。その事実は、イタリア中部のスペッロで発見された碑文から確認されている（*CIL* XI 5265 = *ILS* 705）。キリスト教の影響がさらに強まり、剣闘士競技への批判がますます高まる中で、404年、ホノリウス帝によって最終的に剣闘士競技は禁止された、と言われている。しかし、この碑文に見られるように、その後もコロッセオでの見世物の人気が衰えたわけではなかった。剣闘士競技ではなく野獣狩りなどが行われたと言われているが、この時代に行われていたのは本当に野獣狩りだけだったのだろうか。少なくとも、ローマ市民は、相変わらず「パンとサーカス」を求めていたように見える。ローマ帝国の西方支配がすでに破たんしていた6世紀にも、コロッセオの修復記録は残っている。キリスト教の影響は強まり、ローマ社会の変化は進んでいた。しかし、その変化は一朝一夕に起こるものではなく、数百年の時をかけて徐々に進んでいったのである。

第1部 碑文でたどるローマの歴史・社会

西方におけるローマ支配の終焉とゲルマン人

　ローマ市から離れることの少ない元老院議員やそこに住む人々の心性はともかくとして、ローマによる西方支配には大きな変化が生じていた。むしろ、その崩壊の時が迫っていた、と言うべきだろうか。ローマ帝国全土を統治した最後の皇帝テオドシウスは395年1月に死去し、西方ではその子ホノリウス帝の統治が423年まで続いた。このホノリウス帝の治世に、相次ぐ内乱と蛮族の侵入によって、ローマの西方支配は実質的に破たんしたのである。

　このホノリウス帝の治世初頭、西方のローマ支配の屋台骨を支えたのが、ゲルマン人出身とも言われるスティリコだった。彼は、ローマ軍に入ったゲルマン人の父とローマ人の母の間に生まれた。長じてローマ軍に入るとテオドシウス帝の下で次第に頭角を現し、395年にテオドシウス帝が死去した後は、西方を任されたホノリウス帝が幼かったこともあり、帝国西方を実質的に統治することになった。

　スティリコが政務を担当する間に、イリュリクムの帰属をめぐって帝国東西の関係は悪化したものの、皇帝が政治に関心を示さない中で、彼は西方を巧みに統治し続けた。西ゴート族の侵入に対処し、ライン川の前線に出向き、さらには北アフリカで起こった反乱も鎮圧させている。現在でもフォロ・ロマーノには、ゴート戦争の終結を祝って当時のローマの元老院と民衆が皇帝たちに捧げた碑文が残されている（*CIL* VI 31987 = *ILS* 799）。

いとも敬虔なる兵士たち、我らが主たるアルカディウス、ホノリウス、そしてテオドシウスという永遠なるアウグストゥスたちの信仰と武勇に対し、永遠なる元首にして我らが主たるホノリウスの幸運とイッルストリス級のコメス [[------------------]] の賢慮と剛勇によってゴート戦争が終結した後、ローマの元老

第3章 ローマ帝国終焉への道

院と民衆が（捧げた）。

しかし、ここにスティリコの名は残っていない。彼の名前と官職名があった場所は2行にわたって削り取られてしまっている。408年、ラヴェンナの宮廷に呼び出された彼は蛮族との内通を口実に処刑され、その記憶は断罪されてしまったからである。妻がテオドシウス帝の姪だった上、自身の娘をホノリウス帝に嫁がせたことも考えれば、スティリコに野心が全くなかったわけではないだろう。しかし、テオドシウス帝の死後、彼の存在が帝国の西方統治を支えていたことは事実であり、これ以降、ローマ帝国の西方支配は急速な崩壊を見る。

　早くも410年には、西ゴート族による帝都ローマの略奪が生じている。西ゴート族が初めからローマ市の略奪を目的としていたわけではなかった。しかし、ホノリウス帝の政府は何ら有効な手を打つことができず、沼沢地に囲まれて安全なラヴェンナから、ローマが略奪されるのを傍観していただけだった。「永遠の都」

フォロ・ロマーノに残る
スティリコの名が削られた碑文

第1部 碑文でたどるローマの歴史・社会

ローマの略奪がもたらした衝撃は大きく、多方面に影響を与えた。アウグスティヌスが『神の国』を書くきっかけにもなっている。ホノリウス帝は423年に死去するが、その頃までに帝国が実際に支配できる領域は大幅に縮小しており、統治できるのはイタリア半島くらいになっていた。それ以外の場所では、西ゴートやウァンダル、あるいはブルグントなど、蛮族の諸王国が生まれていたのである。スティリコの修復させたローマ市の市壁に刻まれた碑文では、ホノリウス帝は、兄アルカディウス帝と並んで、「不敗の元首、勝利者にして凱旋者（invictissimi principes, victores ac triumfatores）」と刻まれていたという（*CIL* VI 1188-1190）。末期の皇帝たちの称号にしばしば見られる定型句だったとはいえ、皮肉な感は否めない。

　ホノリウス帝の死後、彼は子を残さなかったために、彼の甥でテオドシウス帝の孫にあたるウァレンティニアヌス3世が皇帝となった。先のコロッセオの修復碑文に登場した皇帝である。しかし、この新皇帝は幼く、当初は実母が、後にはアエティウスという軍人が彼に代わって政治の実権を握った。ウァレンティニアヌス3世は、455年に暗殺されるまで、およそ30年という長きに渡って帝位にあったが、その彼の治世には、帝国の西方支配はますます有名無実化していった。先に述べたコロッセオの修復が行われたのは、ローマ市自体も略奪を受け、帝国支配がまさに破たんの危機に瀕していた時代のことだったのである。「パンとサーカス」は、もはや過去の幻影でしかなかっただろう。

　結局、ウァレンティニアヌス3世の死後も政情が安定することはなかった。蛮族の諸王国や有力者たちの争いが続く中で、476年、ゲルマン人出身の将軍オドアケルは西方の帝位を東方の皇帝ゼノンに返上した。現代の研究者の多くは、この出来事を地中海世界西方におけるローマ支配の終焉と見なしている。5世紀半ば以降も、キリスト教徒の墓碑をはじめ、碑文が刻まれなくなったわけ

ではない。しかし、社会の変化に合わせ、その性格は古代の碑文とは異なるものになっていった。ローマ帝国の終焉とともに、碑文を刻むという習慣も一つの区切りを迎えたのである。

（大清水 裕）

第4章
ローマの食と水をめぐって

　帝政初期に約百万人の人口を抱えた首都ローマでは、住民への食糧供給が皇帝の最大の任務となった。穀物はエジプトやアフリカなどの穀倉地帯から大量に輸送されたが、外港オスティアの処理能力には限界があったから、クラウディウス帝は新港を建設し、トラヤヌス帝がこれを拡充・整備した。国家は自前の輸送手段を持たなかったので、船主たちに特権を与えることにより穀物の運搬業務に従事させた。オスティアに残る彼らの組合所では、床のモザイクから出身地や取扱い商品などを知ることができる。

　地中海を長距離輸送された食品としては、穀物のほかにワイン、オリーブオイル、ガルムなどが挙げられる。これらは主にアンフォラに詰めて船で運ばれたが、アンフォラに刻印された（あるいは塗料で書かれた）碑文が、輸送品の種類、品質、生産地、生産者、製造年などを伝えてくれる。スペインのバエティカからローマへと大量に輸送されたオリーブオイルや、イタリアのカンパニア地方から遠くブリタニアまでも輸送されたワインなどのアンフォラは、当時の活発な交易を如実に物語っている。

　ポンペイ、エルコラーノ、オスティアには居酒屋ないし食堂が多数見られるが、ここに刻まれたグラフィティに彼らの食生活の一端を垣間見ることができる。ワインの品質や価格がグラフィティの対象になるのは蓋し当然であろう。食事と飲酒に加え、売春のサービスを提供する居酒屋も多かった。街路での排泄は忌避や刑罰の対象となったが、トイレにためられた排泄物は、洗濯、毛織物の縮絨、さらには農地の施肥などに有効利用されることもあった。

　ローマ人の生活を支えるライフラインとして、大量の水を供給する水道の存在は特筆に値する。水道橋は建造にも巨額の費用がかかるが、保守にも相当の資金とマンパワーを必要とした。水道と浴場との関連は特に深く、水道の中には浴場のために引かれたものさえある。公衆浴場での入浴はローマ人の日々の生活の一部であり、その意味で最大の娯楽は風呂だったと言っても過言ではない。

第1部 碑文でたどるローマの歴史・社会

第1節 巨大都市への食糧供給

オスティアと新港

アウグストゥス帝は自らの業績録に以下の文言を残している（「業績録」5; 18）。

> ... 穀物が最も不足したとき、食糧供給の責任を任されて断らず、対策を講じた結果、私の負担と配慮によりわずか数日で目前に迫っていた恐慌と危機から、全市民を救った。
>
> グナエウス・レントゥルスとププリウス・レントゥルスが執政官の年（前18年）以来、間接税が延滞するたびに、私の穀物倉と世襲財産から、ときに十万人、ときにそれ以上の人に、食糧と現金を贈与した。

当時、首都ローマはおよそ百万人の人口を抱える巨大都市に成長していた。後背地の農業生産力だけで百万人を養うのはむろん不可能であり、外地からの食糧供給に依存するほかないが、現代と比較して輸送機関の未発達な当時のことであるから、それは容易ならざる一大事業であった。飢饉は社会の不安定化や民衆の暴動にも繋がる恐れがあったので、食糧の安定供給は正に政策の要であり、政権基盤を安定させるため歴代皇帝はこれに腐心した。アウグストゥス帝が食糧供給における自らの功績を自賛するのも、頷けるところである。

現代では食糧の長距離輸送に陸上交通が活躍する場面も多いが、古代では水上輸送が圧倒的優位を占めていた。船での輸送は、帆船なら基本的に動力は要らないし、積載量と（一日あたりの）速度においても、動物が牽く荷車での輸送をはるかに凌いでいた。

第4章　ローマの食と水をめぐって

イタリアと属州を結ぶ海上交易は共和政期からすでに活発化しており、イタリア産のワインが地中海沿岸各地に輸出されるなどしたが、首都ローマの人口増加とともにローマへの物流も増大し、海上輸送の果たす役割は重要性を増した。

当初、ローマに供給される食糧は、テヴェレ川河口の港町オスティアの沖合で艀に積み替え、テヴェレ川を遡上して、オスティアやローマの倉庫（horrea）へと運ばれていたが、物流が増大するにつれてオスティア港は手狭になり、安全に荷揚げや積み替えのできる人口港の建設が待望されるようになった。この新港の建造に着手したのがクラウディウス帝である。帝は建造にあたり、テヴェレ川とティレニア海を繋ぐ運河を掘ったが、その開通を記念するのが以下の碑文である（碑文カタログ3-①参照）。

ドルススの息子ティベリウス・クラウディウス・カエサル・アウグストゥス・ゲルマニクス、大神祇官、護民官職権6度、予定執政官4度、最高司令官歓呼12度、国父が、港の築造のためにティベリス川から運河を引き海へ流すことによって、首都を河川氾濫の危険から解放した。

原文では「運河」を表すラテン語が"fossis"と複数（奪格）になっているが、近年の考古学調査でも、クラウディウス帝時代に築造された2本の運河が確認された。いずれもテヴェレ川の最下流と海を繋いでいるので、中流に位置する首都ローマでの洪水（テヴェレ川はしばしば春先に氾濫した）がどの程度解消したかは疑問である。ただ、これらの運河のうちの1本は、新港とは接続せず川と海を直線的に結んでいるので、洪水対策が念頭に置かれていた可能性が確認されている。

港の築造については、以下のスエトニウスの記述が参考になる（『ローマ皇帝伝』「クラウディウス伝」20）。

オスティア港の建設では、左右両側から彎曲した防波堤を突出させ、その間の進入口に海底深く、巨大な石造物を築く。その土台をより頑丈にするため、かつてエジプトから大きな方尖記念柱を積んで到着していた大船をあらかじめ沈めておき、この上に石柱を積み重ねて、さらにその上にアレクサンドリアのパロス島の有名な灯台をまねて、非常に高い塔を建て、この夜の灯火を目あてに、船が航路をとれるように配慮した。

オスティアの北西約3kmの地点に建造されたこの新港は「皇帝のオスティア港（Portus Augusti Ostiensis）」などと呼ばれ、コインにも刻印された。

皇帝のオスティア港、元老院決議により

オスティア新港を記念するコイン

このコインは、ネロ帝治下の64年に鋳造されたもので、港の内側に大小多数の船が停泊しているのが見られる。だが、実はこの2年前に嵐で港内の200隻の船が沈没したことをタキトゥスが伝えており（『年代記』XV, 18）、巨大な新港は必ずしも安全な停泊所とはなっていなかったようだ。このため後のトラヤヌス帝は、港の奥に正六角形の内港を新たに加え、その周囲に多数の倉庫を建造した。近年の考古学調査によれば、その倉庫面積はオスティアの倉庫面積の約3倍の約9万㎡にも達するが、オスティアの穀物倉庫が拡充されたのも同時期であるから、オスティアはローマへの

第4章　ローマの食と水をめぐって

オスティアの倉庫群　高い建築物は、ユピテル、ユノ、ミネルウァの三主神に捧げられた神殿 カピトリウム

穀物を輸入し備蓄する役割を引き続き担っていたと考えられている。

穀物、オリーブオイル、ガルム

　帝政初期のローマは年間で約45万トンの穀物を輸入し、このうち30万トンがアフリカ（現チュニジア）から、残り15万トンがエジプトからであったと考えられている。国家は自前の輸送手段を持たなかったので、穀物供給に対する配慮（cura annonae）から「船主たち（navicularii）」と呼ばれる人々に特権を与え、穀物の運搬業務に従事させた。オスティアでアウグストゥス帝時代に造られた「組合広場」には、組合所約60軒がケレス神殿を囲むように置かれているが、その多くが穀物輸入に携わる船主たちの組合であったことを床のモザイクが示している（*CIL* XIV 4549, 21）。

第1部　碑文でたどるローマの歴史・社会

オスティアの組合広場のモザイク

　カラリスの船主たちと輸入業者たちが、自らの費用で（これを作った）

　ここには穀物の計量器（modius）が二つ描かれているが、各組合が取り扱う商品はこのような図柄によって示されていた。カラリス（現カリャリ）はサルディニア南部の町であり、共和政期に始まったサルディニアからの穀物の輸入が、帝政期にもエジプト・アフリカからの輸入と並行して続いていたことが分かる。
　この組合広場のモザイクで特に目立つのは、アフリカからの輸入に携わる組合によるものである（*CIL* XIV 4549, 18; 34）。

　カルタゴの船主たちが、自らの費用で（これを作った）

　**クルビスの船主たちが自らの費用で（これを作った）
　植民市クルビスの穀物輸入業者組合所**

130

第4章　ローマの食と水をめぐって

　エジプトの輸入業者も一部見られるが、アレクサンドリアからの穀物船は、通常ナポリ湾岸のプテオリ（現ポッツォーリ）で小型船への積み替えを行ったので、必ずしもオスティアを経由しなかった可能性がある。クラウディウス帝とトラヤヌス帝による新港建造以降は、中継地点としてのプテオリの存在意義が薄れたとの見方もあったが、近年では2世紀に入ってもプテオリの繁栄が続いたとの説が有力である。

　オスティアや新港を通じて輸入された食品のうち、穀物に次いで重要なのがオリーブオイルである。オリーブオイルは食用のみならず、燃料や薬品・化粧品の原料としても需要は大きく、後述するワインと同様に、アンフォラと呼ばれるテラコッタ製の容器に入れ、帆船に積んで、ヒスパニアやアフリカからローマ等の消費地へと大量に輸送された。テヴェレ河畔、アヴェンティーノの丘のやや南西に、モンテ・テスタッチョと呼ばれる「山」（面積約22,000㎡、高さ約50m）があるが、これは、使用後に廃棄したアンフォラからなる人工の山であり、このアンフォラのうち約8割は、バエティカ（スペインの現アンダルシア地方）で製造されたドレッセル20と呼ばれるタイプである。通常、使用済みのアンフォラは同じ目的に再利用されるか、配水管として転用、あるいは破砕してコンクリートに混ぜられることも多かったが、ドレッセル20の丸い形状は再利用に不向きであったために廃棄されたと考えられている。アンダルシア地方を流れるグアダルキビル川流域では現在でもオリーブの生産と輸出が盛んだが、すでに2-3世紀には、ここで生産されたオリーブオイルがローマへ大量に輸送され、「ガルバの倉庫（Horrea Galbae）」と呼ばれる貯蔵施設にオリーブオイルを移し替えた後、アンフォラを破砕して積み上げていったのである。

　アンフォラには、焼成前に捺されたスタンプや、焼成後に赤や黒の塗料で書かれた文字（titulus pictus）がしばしば見られるが、

スタンプの場合は、アンフォラ製造所（figlina）か、次のようにオリーブオイルの生産者を示すと考えられる（*CIL* XV 2775a）。

II Camili Melissi
二人のカミルス・メリッスス製造

モンテ・テスタッチョで確認されるアンフォラのスタンプには、しばしば冒頭に II という数字が刻まれており、同じ家系の二人が共同で事業を経営していたと考えられる。同じメリッススの名を含むスタンプとして、"L(uci) Iuni Melissi（ルキウス・ユニウス・メリッスス製造）"などもあるが、メリッススはバエティカの有力な解放奴隷の家系だったと考えられ、ヒスパリス（現セビリア）に近いイタリカあたりで事業を展開した可能性が高い。

アンフォラで輸送される重要な食品として、ガルムについても触れておこう。魚醬の一種であるガルムは、ローマ時代の料理に欠かせない調味料であり、アピキウスの料理書でもレシピに繰り返し登場する。本来はガロスと呼ばれる魚が用いられたが、後にサバなどから作られるようになった。製造されたガルムは遠距離輸送されることも多かったが、ポンペイではネロ帝の時代から、アウルス・ウンブリキウス・スカウルスとその一族が営む地元のガルム製造業がポンペイの市場をほぼ独占したようで、ウルケウスと呼ばれる容器の多くにウンブリキウスの名を確認することができる（*CIL* IV 5688）。

サバを原料とするスカウルス製の最高級ガルム
ウンブリキウス工場より（出荷）

また、次の碑文が示すように、解放女奴隷の工場もあったようだ（*CIL* IV 5674）。

第4章　ローマの食と水をめぐって

> 最高級ガルム、混ぜ物なし
> ウンブリキア・フォルトゥナータ工場より（出荷）

「最高級」や「混ぜ物なし」という表現は、これらの碑文が単なる目印というより、広告の目的も兼ねていたことを示唆している。
　なお、ポンペイのあるガルムの商店では、仕入れたガルムを六つのドーリア（甕）に移し替えて保存したらしく、発掘に当たったマイウーリという著名な考古学者は、出土したドーリアの一つにガルムの沈殿物と魚の強い臭いが（約1900年の時を経て！）残っていたと報告している。

第2節　飲酒と排泄

ワインにうるさいローマ人

　ペトロニウス作『サテュリコン』の「トリマルキオの饗宴」の一節に、解放奴隷で財を成したトリマルキオが招待客たちをワインでもてなす場面がある。

> すぐにガラス瓶の葡萄酒が運ばれてきた。丁寧に石膏で封印され、首のところにこのような銘札がつけてあった。
> 「オピミウスの年のファレルヌス酒、百歳」
> ぼくらがこの銘をたしかめているとき、トリマルキオンは手を叩いて言った。
> 「やれやれ、こうしてみると葡萄酒は可哀相な人間よりもずっと長生きをするな。そこでわしらも酒をがぶのみしよう。酒こそ人生だ。本物のオピミウス酒を進呈する。」

トリマルキオが出したワインは、なんと100年物という設定になっているが、ルキウス・オピミウスが執政官であった前121年は、ワインの有名なヴィンテージであった。しかもファレルヌス酒は、アゲル・ファレルヌス（カンパニア地方の現在のモンドラゴーネ近辺）で生産される、最高級ワインの呼び声高い名酒であったから、100年物が実在すれば（実際の味はともかく）桁外れの価格がついたことだろう。通常のファレルヌス酒であればポンペイのグラフィティで確認することができる（*CIL* IV 1679）。

> ヘドネ曰く「ここでは1アスで飲める。もし1デュポンディウス（2アス）払えばもっといいワインが飲める。もし4アス払えば、ファレルヌス酒が飲める。」

この碑文によれば、ファレルヌス酒は普及品の4倍の値段ということになる。また、ファレルヌス酒は遠くブリタニアまでも輸出されたことが、コルチェスターで最近発見されたアンフォラの碑文から分かる。

ロッリウス農園のファレルヌス酒

ロッリウスの農園について詳細は不明だが、前21年の執政官であったマルクス・ロッリウスの家系に関連する可能性が指摘されている。オピミウスが執政官だった年からちょうど100年後の執政官であるから、おおよそトリマルキオの饗宴が設定された時代に生産されたのかもしれない。もっとも、アゲル・ファレルヌスのなかでも最高の葡萄園は、ファウストゥス（独裁官スッラの息子ファウストゥス・コルネリウス・スッラ）のものだと大プリニウスは述べており（『博物誌』XIV, 62）、ここで生産されたワインのアンフォラは、ポンペイで発見されている（*CIL* IV 2553）。

第4章　ローマの食と水をめぐって

アセッリーナの居酒屋
(ポンペイ)

ティベリウス・クラウディウスが4度目の、ルキウス・ウィテッリウスが3度目の執政官の年（＝47年）のファウストゥス農園のワイン

ファレルヌス酒のほかに、ラティウム地方のセティア産のワインも有名で、アウグストゥスを含む歴代皇帝はたいていセティア酒を何より好んだ、と『博物誌』が伝えている（XIV, 61）。ポンペイのある居酒屋の壁画には、葡萄酒瓶を持って回る店員に対して客がカップを差し出す場面が描かれているが、そのそばに

　セティア酒をもう一杯！

とのグラフィティが確認された（*CIL* IV 1292）。もっとも、この店のメニューにセティア酒があったとは限らず、むしろ、まずい酒を出す店への当て付けだったのかもしれない。当時のワインは製造時に濃縮しておき、水（または海水）で割って飲む習慣もあったが、あまり薄いワインを出されると客も黙ってはいない（*CIL*

IV 3948)。

> そういうごまかしの報いを受けるがいい、店主よ。
> お前は水を売って、純粋な葡萄酒は自分が飲んでるんだからな。

なお、居酒屋は売春宿を兼ねることも多かった（*CIL* IV 8442)。

> 俺は店の女主人とやった

排泄の「罪」と「功」

　入れたものは出さねばならない。
　オスティアなどには着座式の公衆トイレが残っているが、男性の小便専用のトイレが存在した証拠は皆無に等しいので、いわゆる「立ち小便」で済ませたのではないかと言われている。立ち小便を浴びせられる家屋の主が不快感を催すのは当然で、ポンペイではこんなグラフィティで応戦する（*CIL* IV 7716)。

> 用を足す者よ、災いに気をつけろ。侮るならば、ユピテルの怒りあれ。

　ポンペイの場合は、浴場、公共泉水、貯水槽などから流れ出す水が路面を洗っていたが、エルコラーノの場合は大通りに沿う暗渠により排水されたから、路面の清掃は容易でなかった。そこで給水塔にはこんな御触書が残っている（*CIL* IV 10488)。

第4章 ローマの食と水をめぐって

給水塔に掲げられた排便禁止の御触書
(エルコラーノ)

造営委員マルクス・アルフィキィウス・パウルス(が認めた布告)
もしなんぴとかこの場所にて排便せんと欲するなら、それが許されぬことを憶えておくべし。もしこの布告に背くなら自由人は(罰)金1デナリウスを支払い、奴隷は尻をむち打たれることにより記憶させらるべし。

 かくて糞尿は忌避の対象であるが、一方では有効利用されてもいた。ローマ時代の洗濯屋は尿を洗剤として用いたし、毛織物の縮絨工程でも尿が必要だったから、ウェスパシアヌス帝はこれに税金までかけた(スエトニウス『ローマ皇帝伝』「ウェスパシアヌス伝」23)。

  ウェスパシアヌスが屎尿税までとりたてることを思いついたとき、息子のティトゥスが咎めると、最初に徴収した税の中から金をとりだして息子の鼻にあてがい、「どうだ、臭いか」と問い

137

質した。息子が否定すると父は言った。「でもこれは糞尿から
とりあげた金だよ」

　一方、エルコラーノのある家屋では、次のグラフィティが見つ
かっている（*CIL* IV 10606）。

11アスで便が汲み取られた

　ここのトイレは下水道に繋がっていなかったので、定期的な汲
み取りが必要であった。このグラフィティの通常の解釈は、家主
が11アスを汲み取り業者に払ったことを記録したというものだ
が、果たしてそうだろうか。1960年頃までの日本では人糞尿が田
畑に不可欠な下肥として利用されていたが、小都市から近郊農地
への供給量は限定的であったから人糞尿は売買の対象となった。
エルコラーノは人口5千人程度の小都市であったと考えられてい
るので、11アスは家主が汲み取り業者に払った汲み取り料という
よりも、汲み取り業者に糞尿を売って得た金額だったのかもしれ
ない。
　ともあれ、糞一般を意味するステルクス（stercus）に名前の由
来を持つステルクートゥス（Stercutus）という神が、肥料として
の糞の施用を考案したと信じられたし（大プリニウス『博物誌』
XVII, 50）、農事誌家コルメラは、肥料としての糞の重要性を強調
した上で、「糞には主として三種、即ち鳥類から出たもの、人間
から出たもの、動物から出たものがある」（『農事について』II, 14,
1）としているから、ローマ人は確かに人糞尿の施用効果を知って
いた。もっとも常時流水の公衆便所からは、汚水が下水溝を通っ
て川へと放出される仕組みになっていたので（首都ローマにはク
ロアカ・マクシマと呼ばれる大下水溝があった）、排泄物の全てが
無駄なく収集されたとはいえないが、少なくとも部分的には食糧

生産へと還元されたといってよいだろう。

　下水道に話が及んだので、次節では上水道に触れてみたい。

第3節　上水道とローマ人の浴場文化

水の都ローマ

　古代ローマの高度な土木建築技術を物語る水道橋としては、世界遺産にもなったスペインのセゴビアの水道橋や、南フランスのニーム郊外にあるポン・デュ・ガールが有名であるが、首都ローマでは前312年にアッピア水道が開通して以来（第1章第2節参照）、少なくとも11本の水道が引かれ、巨大な人口の需要に対応すべく、多量の清冽な水が浴場、泉水、個人住宅などへ供給された。現代では水の都といえばヴェネチアだが、古代ではローマこそが「水都」と呼ぶに相応しい。大プリニウスも次のように水道を賞賛し、日常生活において水道が当然の存在になっていたローマ人に、その価値を再認識させている（『博物誌』XXXVI, 123）。

> 公共の場、浴場、貯水槽、水路、都市の住宅、庭園、郊外の邸宅における水の豊富さをよく考えてみれば、そしてまた、水が引かれる距離、高くかけられたアーチ、トンネルの掘られた山々、谷に水平に渡された水路のことをよく考えてみれば、全世界にこれほど驚嘆すべきものは何もないことを認めざるをえないであろう。

　ローマの水道の遺跡として代表的なものは、テルミニ駅の近くにあるマッジョーレ門である。この門の上部には、52年にクラウディウス帝が開通させたクラウディア水道と新アニオ水道の2

本が通っており、壁面には、これらの水道を開通させ修復した皇帝たちを顕彰する碑文が刻まれている（*CIL* VI 1256-1258 = *ILS* 218；碑文カタログ3-②参照）。

> ドルススの息子ティベリウス・クラウディウス・カエサル・アウグストゥス・ゲルマニクス、大神祇官、護民官職権12度、執政官5度、最高司令官歓呼27度、国父が、第45里程標に位置するカエルレウスおよびクルティウスと呼ばれる湧水地からクラウディア水道を、そしてまた第62里程標（の地点）から新アニオ水道を、私財によって首都ローマへと引くよう配慮した。

> インペラトル・カエサル・ウェスパシアヌス・アウグストゥス、大神祇官、護民官職権2度、最高司令官歓呼6度、予定執政官4度、国父が、神君クラウディウスによって引かれたあと破損し9年間にわたって断水していたクルティウスとカエルレウスからの水道を、首都ローマのために私財を用いて修復した。

> 神君の息子インペラトル・ティトゥス・カエサル・ウェスパシアヌス・アウグストゥス、大神祇官、護民官職権10度、最高司令官歓呼17度、国父、監察官、執政官8度、が、神君クラウディウスによって引かれ、その後、（皇帝ティトゥスの）父である神君ウェスパシアヌスによって首都のために修復されたクルティウスとカエルレウスからの水道を、経年によりその水源において基盤から破損していたので、私財を用いて新水路によって再開するよう配慮した。

　政治手腕について一般には評価の低いクラウディウス帝であるが、既述のオスティア新港や運河の建設に加え、全長68.7km（うち地上部分は15.1kmでローマ水道最長）のクラウディア水道、さ

第4章 ローマの食と水をめぐって

らには全長86.9km（地上部分13.9km）の新アニオ水道を完成し、土木建築事業についてはかなりの実績を残したことになる。湧水群から取水したクラウディア水道の水質は良く、飲用に適していたが、開通から約10年後には破損して機能しなくなり、その9年後にウェスパシアヌス帝が、さらにその9年後にティトゥス帝が

碑文の解読に挑戦…❹

マッジョーレ門の碑文

　古代に水道橋として建築されたマッジョーレ門は、その後アウレリアヌス帝の城壁に城門として組み込まれ、今では道行く人々や車の往来を静かに見守っています。三つ並んで刻まれた碑文のうち、一番上の碑文の一部を訳してみましょう（全文は碑文カタログ3-②参照）。

Ti(berius) Claudius ... Caisar Augustus Germanicus ... |
…ティベリウス・クラウディウス・カエサル・アウグストゥス・ゲルマニクス…が〈主格〉

aquas Claudiam | ex fontibus, |
クラウディア水道を〈対格〉 | 湧水地から |

qui | vocabantur | Caeruleus et Curtius |
…するところの | と呼ばれていた | カエルレウスおよびクルティウス |

a milliario XXXXV, |
第45里程標（の地点）から |

item | Anienem novam | a milliario LXII, |
そしてまた | 新アニオ水道を〈対格〉 | 第62里程標（の地点）から |

sua impensa, | in urbem | perducendas curavit.
自らの支出によって〈奪格〉 | 首都ローマへと | 引くよう配慮した。

141

修復を行った。一方、当初アニオ川から取水した新アニオ水道は冬季を中心に汚濁したため、後のトラヤヌス帝は、ネロ帝の別荘近傍の湖からの取水に変更した。

水道のメンテナンス

民衆の生活を支えるライフラインであるだけに、水道の修復はこまめに行われたようである。アウグストゥス帝は「業績録」（20章）で、全般的な水道補修工事に言及しているが、これに関する碑文が、ローマのティブルティーナ門の壁面に刻まれている（以下、*CIL* VI 1244; 1246; 1245 = *ILS* 98）。

神君ユリウスの息子インペラトル・カエサル・アウグストゥス、大神祇官、執政官12度、護民官職権19度、最高司令官歓呼14度、が、全ての水道の流床を修復した。

マッジョーレ門と同様、この門も水道を支えており、マルキア水道、テプラ水道、ユリア水道の三つが門の上部を通っていた。

ティブルティーナ門
（ローマ）

第4章　ローマの食と水をめぐって

マルキア水道は、前144年から140年にかけて法務官マルキウスが指揮して造った長大な水道（全長91.3km、うち地上部分11.0km）で、カンピドリオの丘にまで水を供給した。アニオ川上流の湧水地から取水しているため水質は非常に良く、しかもアウグストゥス帝は、アウグスタ水源をこれに加えて水量を2倍にした。その後も数度にわたって修復を受けたが、そのうち、ティトゥス帝の修復とカラカラ帝（以下では正式名で綴られている）の修復を顕彰する碑文が、上記の碑文の下に刻まれている。

> 神君の息子インペラトル・ティトゥス・カエサル・ウェスパシアヌス・アウグストゥス、大神祇官、護民官職権9度、最高司令官歓呼15度、監察官、執政官7度、予定執政官8度、が、経年により破損したマルキア水道の流床を修復し、使用されていなかった水を引き戻した。

> インペラトル・マルクス・アウレリウス・アントニヌス・ピウス・フェリクス・アウグストゥス、パルティアの征服者、ブリタニアの征服者、大神祇官が、様々な問題を抱えていたマルキア水道を、その水源を清掃し、山を穿って穴を開け、水路を修復し、新たなアントニヌス水源さえ加えることにより、聖なる首都へ引くよう配慮した。

　以上の碑文に現れる修復は大規模なものだが、水道というものは常に管理とメンテナンスが必要で、その維持自体が行政の一大事業である。水道の歴史と現状を皇帝に報告したフロンティヌスの『水道書』は、保守に携わる役職についても詳しく述べており、水道保守の実際を知るための貴重な史料となっている。トップに立つ水道監督官（curator aquarum）は高位の官吏であり、それはフロンティヌス自身が、執政官や属州アジアの総督を務めたあと、

ネルウァ帝の命によりこの役職に就き、その後再び執政官になったことからもうかがえる。一方、それ以外の水道保守係（aquarii）は、公共の水道奴隷（familia aquarum）が務め、これは、アグリッパがアウグストゥス帝に遺贈した240人の奴隷と、さらにクラウディウス帝が追加した460人の計700人があてられた。次の碑文は、水道保守係の一種である給水塔管理係（castellarius）で、おそらく解放奴隷であったソテルがその息子とともに、他界した妻のために刻んだ墓碑である（*CIL* VI 2344）。

死者の霊に。
公共の奴隷であり旧アニオ水道給水塔管理係のソテルが、これを受けるに値する妻のために、そしてルキウス・カルプルニウス・フラウィアヌスが、これを受けるに値する母のために、そして自分たちとその子孫のために（この墓碑を立てた）。

風呂好きのローマ人

ところで、先のティブルティーナ門の碑文には、カラカラ帝がマルキア水道に新たな水源を加えた旨が記されていたが、それは、自身が建設した巨大なカラカラ浴場に大量の水を供給する必要があったからである。時代をさかのぼれば、アグリッパが建造したウィルゴ水道も、自身が建設したアグリッパ浴場に水を引くためであった。ローマには、一日で数千人が利用できる公衆浴場（テルマエ）が11、そして個人所有ながら比較的大きな浴場（バルネア）が900以上も造られたと言われ、浴場文化はローマ人の日常生活に完全に浸透していた。公衆浴場は、脱衣室（apodyterium）、冷水浴室（frigidarium）、微温浴室（tepidarium）、高温浴室（caldarium）などに分かれ、訓練場（palaestra）も併設されていた。カラカラ浴場の規模は当時の人々にとっても驚嘆の的となっていたようで

第4章　ローマの食と水をめぐって

ある（アエリウス・スパルティアヌス『ローマ皇帝群像』「アントニヌス・カラカルスの生涯」9）。

> ローマ市にカラカラは多くの建物を残したが、なかでも自身の名を付けた浴場は格別であった。建築家たちは、そのサンダル形をした部屋を、模倣して当時のままに復元することはできないと言っている。というのも、青銅と銅でできた格子があり、それがアーチ型の天井全体を支えていたといわれているからである。その空間も相当広く、技術者もそれをそのまま作ることは無理だというほどである。

公衆浴場は夜明けから日没まで営業したが、通常は午後のやや早い時間に入浴するのがよいと考えられていた。男湯と女湯に分かれていることもあったが、ハドリアヌス帝が禁止するまでは（開放的なローマ人らしく）混浴が多かったようである。入浴料は通常1クァドランス（＝ 1/4 アス。ただし一定年齢以下の子供は無料）で、バルネアトル（balneator）と呼ばれる番台が徴収した。既述のポンペイのワインは普及品で1アスであったから、現在の貨幣価値に換算すれば1クァドランスはせいぜい二、三百円というイメージであろうか。

紀元79年に埋没した時点で、ポンペイには二つの公衆浴場が営業していた。以下はその一つ、スタビア浴場の碑文である（*CIL* X 829 = *ILS* 5706）。

> **二人委員、ガイウスの息子ガイウス・ウウリウスとガイウスの息子プブリウス・アニニウスが、都市参事会の決議に従って、法が競技あるいは公共建築物のために使うことを彼らに命じた資金を用いて、蒸し風呂と垢擦り部屋の築造、および列柱廊とパラエストラの修復を発注した。彼らが建築を監督し、認可した。**

第1部 碑文でたどるローマの歴史・社会

フォロ浴場のラブルム
(ポンペイ)

　そしてもう一つの公衆浴場、フォロに隣接するフォロ浴場には、高温浴室の一方の端にラブルム（水盆）があり、浴室から出る前にここから水を汲んで頭からかけた。ラブルムの縁には以下の碑文が見られる（*CIL* X 817）。

> グナエウスの息子グナエウス・メリッサエウス・アペルと、マルクスの息子マルクス・スタイウス・ルフスが二人委員在職2度目のときに、都市参事会の決議に従い、公費を用いて（この）ラブルムの造設を監督した。価格は5250セステルティウスであった。

　さらに、これらの公衆浴場とは別に、個人経営の浴場も存在した（*CIL* X 1063）。

> マルクス・クラッスス・フルギの海水の大浴場および真水の小浴場。

　塩湯が代謝を促進する効果があることをポンペイの人々は経験

的に知っていたのであろうか、公衆浴場との差別化を図って客にアピールしたようである。

　むろん、豪華な邸宅の中にはプライベートな浴場を持つものもあった。首都ローマの場合、公衆浴場はもともと下層民衆のものであったが、時代を下るにつれて上層身分へも浸透していき、帝政期には皇帝までが公衆浴場を利用することもあった。老いも若きも富者も貧者も入り交じっての裸の付き合いは、温泉・浴場文化の伝統をもつ日本人にはイメージがしやすいものである。

(池口 守)

第5章
戦うローマ人

　ローマは遠征を繰り返し、大帝国を築いたことで、世界史上ひときわ注目されている。だが、そもそも農耕市民の戦士共同体として出発した都市国家ローマに、常備軍はなかった。有事にのみ市民が徴兵されて、軍隊が編成されたのである。前2世紀末に兵制改革がなされ傭兵が登用されても、有力な武将に従う私兵の感が強かった。やがて、これらの武将たちが私兵軍団を率いて抗争したことで、共和政が崩壊したのである。

　最高司令官（Imperator）としての皇帝は、新しい理念のもとに常備軍を設けることになる。しかしながら、伝統は捨てがたく、軍事力は市民からなる正規軍（legio）と、非市民からなる補助軍（auxilia）によって構成された。もちろん、正規軍こそ帝国の軍事力の中軸となる背骨であった。

　正規軍はおよそ30あり、それぞれに5千人ほどの兵士がいた。通常は10の中隊に分けられ、さらに各中隊は6つの百人隊に分けられた。通常の軍務は20年間であり、それに古参兵としての5年間の特別勤務が加わった。これら正規軍の兵士には、年に900セステルティウスの俸給と、除隊の際には1万2000セステルティウスの退職金が支給された。

　補助軍は歩兵大隊（cohors）と騎兵大隊（ala）からなる。歩兵大隊は帝政初期には500人ほどで、6つの百人隊に分けられていたが、1世紀後半には1000人ほどで、10の百人隊に分けられた。騎兵大隊もほぼ同規模であったが、16ないしは24の小隊に分けられていた。これらの兵士は、約25年間の軍務の後に「除隊と市民権授与を公示する証書」（diploma）が与えられた。補助軍の兵士については、俸給や退職金の額は不明である。

　ローマ社会では、流血と殺害の現実を直視し、死を怯えない気概がことさら求められたという。世界史の中にあって唯一の公認殺人競技といえる剣闘士の見世物が、「ローマの平和」の時代にも数百年にわたって様々な地域で営まれたのも、そのような精神的土壌があったからであろう。そこにも、ローマが軍国主義国家として際立っていたことの証があるのだ。

第1部 碑文でたどるローマの歴史・社会

第1節　ローマの軍隊

トイトブルクの惨劇

　西北ドイツの町ミュンスターの近郊にカルクリーゼという名の山村がある。その山際にある沼地は、かつて樹木が林立し鬱蒼としていたという。1987年、そこでローマ通貨の団塊が発見されている。その2年後から本格的な発掘調査が始まった。調査が進むにつれ、金貨、銀貨、銅貨ばかりでなく、武具、工具、そして人骨までも続々と出土してきた。人骨は全てが成年男子のものであり、中には傷痕が明らかなものも少なくなかった。出土した古銭のいずれも後9年以前のものであり、それが決め手になった。そここそ、アウグストゥス帝治世の後9年、将軍ウァルスの率いる3軍団が、ゲルマン部族軍に急襲され壊滅した場所にほかならなかった。

　実のところ、文献史料から同地を戦場と推定する意見がないわけではなかった。推定したのは歴史学者で唯一のノーベル文学賞受賞者であるローマ史の大家テオドール・モムゼン（1817-1903年）である。しかし、このモムゼン説を支持する学者は少なかった。ところが、金属探知機などを用いる考古学の進展は、さすがモムゼン、と唸らせたのである。今やそこには記念博物館と歴史自然公園が設けられ、「モムゼン展」も開催されている。

　この地での戦いは「トイトブルクの森の戦い」とも「ウァルスの戦い」とも言われている。あまりに悲惨な敗北のために、知らせを聞いたアウグストゥス帝は大きな衝撃を受けたのである。数ヶ月にわたって喪に服し、鬚もそらず髪も切らず、ときには扉に頭を叩きつけながら「ウァルスよ、私の軍団を返してくれ！」と喚いていたという。

　たかが3軍団というなかれ。アウグストゥス帝の基本方針は、常備軍の人数を必要最小限にとどめ、国境の安全と国土の平和を確

第5章 戦うローマ人

ドイツ、トイトブルクの森　中央に森を切り開いた発掘現場が見える

保することにあった。アクティウムの海戦後、軍団の数は28に減らされ、ほとんどが帝国の辺境に配備されていた。たとえ3軍団の喪失とはいえ、「ローマの平和」を目指す為政者には、この上なく悔やまれる出来事だったのだ。こののち、ローマ軍はライン川を越えて東に国境を拡大することにためらいがちになる。そのせいか、ライン川以西を文明の地と呼び、その以東を野蛮の地と呼んで自嘲する今日のドイツ人もいる。

　ところで、この悲運の戦いの6年後、ティベリウス帝の後継者であったゲルマニクスが惨劇の戦場を訪れている。そのとき、彼は遺体を収容し、土を盛った塚の下に戦友たちの骨を埋葬した。そこに芝を敷きつめ、死者への敬虔な務めを果たして、軍団兵とともに悲しみを分かち合ったという。

　この悲惨な戦いで戦死したという兵士の記念碑の石板が、ライン川下流域のクサンテンで発見されている（碑文カタログ4-②参照）。

> ティトゥスの息子にしてレモニア区民でありボノニア出身のマルクス・カエリウス、第18軍団の第一戦列（を率いる百人隊長）に（捧げる）。彼は53年でウァルスの戦いで露と消えた。その骨を持ち込むことが許されるだろう。ティトゥスの息子にして兄弟であるレモニア区民のププリウス・カエリウスが建てた。

ゲルマニクス軍がトイトブルクの森に到着したとき、草原には白骨が散らばり、積み重なっていた。もはやどの遺体が味方のものか敵のものか見分けがつかないほどだったという。

そのような状況であったから、おそらく、第一戦列を率いる百人隊長マルクス・カエリウスの骨が見つかるなどありえなかったにちがいない。記念碑には「その骨を持ち込むことが許されるだろう」という未来形の文面で刻まれている。もし骨が発見されていたら、記念碑の内部に安置され、名実ともに墓碑となっていただろう。主たる故人の名残がない物悲しさが心を打つ。

私兵団から帝国の軍隊へ

共和政期のローマでは、古くは成年男子はおおかた短期間だけ兵役に就いた。しかし、領土の拡大とともに、それが長期にわたることも少なくなかった。共和政末期までいかなる墓碑銘にも、自分自身を兵士として記録した者は見られない。多くの人々が数年間の軍務に従事していたので、特筆すべきことではなかったのだろう。

共和政期の軍隊は、特に勤務条件を備え恩給の保証のある常備軍の形をとることがなかった。マリウス、スッラ、ポンペイウス、カエサルらの武将が互いに抗争したとき、彼らに従ったのは私兵団のごとき軍隊であり、これが共和政そのものを自滅させたのである。

碑文の解読に挑戦…❺

トイトブルクの森の戦いで死んだ兵士の墓碑

　ローマ軍が大敗北を喫した「トイトブルクの森の戦い」では、ローマ軍兵士約2万人が戦死したと言われています。故郷を遠く離れ戦場の露と消えた兵士たちの一人、マルクス・カエリウスのために建てられた墓碑を訳してみましょう（碑文カタログ4-②参照）。

M(arco) Caelio	T(iti) f(ilio)
マルクス・カエリウスに〈与格〉	ティトゥスの息子に〈与格〉

Lem(onia)	(domo) Bon(onia),
レモニア区民の〈奪格〉	ボノニア出身の〈奪格〉

I o(rdini)	leg(ionis) XIIX
第一戦列(の百人隊長)に〈与格〉	第18軍団の〈属格〉

ann(orum) LIII	cecidit	bello Variano,
53年で〈属格〉	(彼は)倒れた	ウァルスの戦いで〈奪格〉

ossa	inferre licebit.
骨を〈対格〉	持ち込むことが許されるだろう。

P(ublius) Caelius	T(iti) f(ilius)
ププリウス・カエリウスが〈主格〉	ティトゥスの息子が〈主格〉

Lem(onia)	frater	fecit.
レモニア区民の〈奪格〉	兄弟が〈主格〉	建てた。

そして、カエサルが暗殺され、後継者オクタウィアヌスがアウグストゥスとして帝位に就く。皇帝は同時に軍隊の最高司令官でもあり、もはや軍隊は私兵団のごときものであってはならなかった。一連の内戦が終結したのだから、本格的な長期の兵役に基づく軍隊を組織することが望まれた。

もともとローマには、ローマ市民からなる正規軍（legio）があり、さらに、同盟関係にある勢力や王国から特殊技能をもつ兵士を集めて形成された補助軍があった。ヌミディア人、ガリア人、ゲルマン人は騎兵、バレアレス諸島出身者は投石兵、クレタ人、トラキア人、シリア人は弓兵という具合であった。アウグストゥス帝はこれらの伝統を存続させ、ローマ市民の正規軍と非ローマ市民の補助軍による軍団が形成された。正規軍は、戦争時や守備役のときには補助軍によって支援されるのである。

前述したように、正規軍の数は28に定められたが、ウァルスの敗戦で3軍団が失われるとその数は25に減る。アウグストゥス帝はこれ以上の領土の拡大を禁じたが、43年、クラウディウス帝はブリタニアを征服する。それとともに、駐留軍を置く必要から軍団が増やされている。

1世紀末から2世紀にかけて、いわゆる五賢帝の治世には、軍団の数は28から30の間を変動している。このような軍団のリストを作るには、文献史料を補足する碑文がことさら有益である。とりわけ次の碑文には興味深いものがある（*CIL* VI 3492 = *ILS* 2288）。

第2アウグストゥス軍団　第6勝利軍団　第20勝利軍団
第8アウグストゥス軍団　第22プリミゲニア軍団
第1ミネルウァ軍団　第30ウルピウス軍団
第1救援軍団　第10双子軍団　第14双子軍団
第2救援軍団
第4フラウィウス軍団　第7クラウディウス軍団

第5章　戦うローマ人

第1イタリア軍団　第5マケドニア軍団　第11クラウディウス軍団
第13双子軍団
第12雷電軍団　第15アポロ軍団
第3ガリア軍団　第4スキタイ軍団　第16フラウィウス軍団
第6くろがね軍団　第10海峡軍団
第3キュレナイカ軍団
第2トラヤヌス軍団
第3アウグストゥス軍団
第7双子軍団
第2イタリア軍団
第3イタリア軍団

軍団は国境地帯に配属される。この165年の石柱に刻まれたリストでは、帝国西北端の属州を基点として、領土に沿って時計まわりに表示されている。すなわち、ブリタニア、上ゲルマニア、下ゲルマニア、上パンノニア、下パンノニア、上モエシア、下モエシア、ダキア、カッパドキア、シリア、ユダヤ、アラビア、エジプト、ヌミディア、ヒスパニア、ノリクム、ラエティアの順に列挙されている。

辺境の兵士たち

このようなローマ軍団の駐屯地が辺境にあることから、当然ながら軍人関係の碑文はそれらの地に集中している。中でも、墓碑銘が多いことは言うまでもない。

ここでは、ローマ軍団の要塞都市としての名残を今日にも伝えるチェスター出土の事例を挙げておこう。このブリタニア北辺の地は、つかの間の夏を除けば、寒々とした重苦しい日々が続いたにちがいない。陽光かがやく地中海を我らが海として拡大したロー

マ帝国にあって、地中海文化の芳香はどこかにただよっていたのだろうか。

> **ルキリウス・インゲヌースの百人隊に務める補佐……は百人隊長昇任を期待されていたが、海難事故で死亡し、ここに埋葬される。**(*RIB* 544)

　百人隊長昇任を期待された補佐（optio ad spem ordinis）とは定形的な表現である。しかし、短い碑文の中には期待（spes）と海難事故（naufragium）とが対比されており、これを読む人々の心をかきたてるにちがいない。北の海の冷たい荒波にさらわれて命を落とした無名の被葬者は、いったい最後に何を見たのだろうか。生まれ育った地中海の青々とした光景を思い浮かべながら、己の不幸を呪ったかもしれない。あいにくこの碑文には、彼の出身地を知る手がかりはない。しかし、チェスターに残された多くの墓碑銘から、この地に勤務した兵士たちの出身地を知ることが

海難事故で落命した無名兵士の墓碑

できる。

　チェスターに最初に駐屯したローマ軍は、第2救援軍団（Legio II Adiutrix）であった。この正規軍団の兵士たちはどこの出身者であったのだろうか。

> **ガイウスの息子にしてクラウディア区民ガイウス・ユウェンティウス・カピトは、アプルス出身者であり敬虔にして忠実なる第2救援軍団の兵士としてユリウス・クレメンスの百人隊にあったが、ここに眠る。享年40歳、軍務17年。**（*RIB* 476）

　アプルスは属州トラキア（現在のブルガリア）にクラウディウス帝が創設した植民市である。この町の出身者は、ほかにも3枚の墓碑（*RIB* 475;477;484）を残している。
　その他の出身者の事例も見てみよう。

> **ルキウスの息子にしてクラウディア区民ルキウス・ウァレリウス・セネカは、サウァリアの出身者であり敬虔にして忠実な第2救援軍団の兵士として……**（*RIB* 480）

　サウァリアもまた属州上パンノニア（現在のハンガリー）にクラウディウス帝が創建した植民市である。

> **クィントゥスの息子にしてクラウディア区民クィントゥス・ウァレリウス・フロントは、ケレア出身者であり敬虔にして忠実なる第2救援軍団の兵士であったが、ここに眠る。享年50歳、軍務25年。**（*RIB* 479）

　ケレアは通常ケレイアと呼ばれ、属州ノリクム（現在のスロベニア）の自治市である。

> ガイウスの息子にしてセルギア区民……プデンスは、アウグスタの出身者であり敬虔にして忠実なる第2救援軍団の騎兵であったが、ここに眠る。享年32歳、軍務13年。(*RIB* 482)

　アウグスタとはアウグスタ・プラエトリアであり、属州ガリア・キサルピナ（現在の北イタリア）にアウグストゥス帝が創建した植民市である。
　現存する碑文からうかがわれる兵士の出身地が、アドリア海沿岸地域に偏っているのは興味深い。第2救援軍団はそもそも、69年にラヴェンナの海軍を基にして編成されていた。だから、その周辺地域から志願した兵士たちが配属されていたとすれば、理にかなっている。
　この第2救援軍団も、80年代におけるドナウ川辺境地域の喧噪に応じて、その地に移動していった。再び帰還してくることはなかったが、この時代にはよくあることであった。やがて、90年代に入ると、第20ウァレリウス勝利軍団（XX Valeria Victorix）がチェスターの要塞に駐屯した。

> 死者の霊に、マルクス・アウレリウス・アレクサンデルは、第20ウァレリウス勝利軍団の要塞隊長にしてオスロエネ出身のシリア人であったが、72年生きてここに眠る。(*RIB* 490)

> 死者の霊に、カエキリウス・アウィトゥスは、エメリタ・アウグスタ出身にして第20ウァレリウス勝利軍団の百人隊長補佐であったが、ここに永眠する。軍務15年、享年34歳。(*RIB* 492)

> ルキウスの息子にしてガレリア区民ルキウス・ガイアティウス・セクスティウスは、ルグドゥヌムの出身者であり第20ウァレリウス勝利軍団の兵士であったが…(*RIB* 493)

死者の霊に、ガイウス・ケスティウス・テウルニクス[テウルニア出身]、享年30歳、第20ウァレリウス勝利軍団兵士として軍務10年。相続人建立。(*RIB* 494)

ガイウスの息子にしてクラウディア区民ガイウス・ユリウス・ウァルトゥスは、ケレイア出身者であり第20ウァレリウス勝利軍団兵士としてティトゥス・フラウィウス・プロ......の百人隊に奉じた。享年30歳、軍務7年。... (*RIB* 498)

死者の霊に、ルキウスの息子にしてテレティナ区民ルキウス・リキニウス・ウァレンスは、アレラテの出身者であり第20ウァレリウス勝利軍団の退役兵であった。享年45歳。ここに眠る。相続人建立。(*RIB* 500)

死者の霊およびファビア区民にしてブリクシア出身ププリウス・ルスティウス・クレスケンスへ。享年30歳、軍務10年。相続人グロマ建立。(*RIB* 503)

死者の霊に、ウルピア・トラヤーナの出身にしてマルクスの息子マルクス・ウルピウス・ヤヌアリウス。軍務19年、享年37歳。相続人建立。(*RIB* 506)

死者の霊に、アニエンシス区民クィントゥス・ウィビウス・セクンドゥスは、クレモナの出身者にして第20ウァレリウス勝利軍団兵士としてオクタウィアヌスの百人隊に奉じ... (*RIB* 508)

パラティナ区民にしてオエア出身者[人名不詳]は第20ウァレリウス勝利軍団にて軍務に服し... (*RIB* 512)

第1部　碑文でたどるローマの歴史・社会

> 死者の霊に、ベッシ部族生まれのカエキリウス・ドナトゥスは26年間軍務に服し40年を生きた。(*RIB* 523)

> 死者の霊およびデキムス・カピエニウス・ウルピクスへ、ウォルティニア区民にしてウィエンナの出身者、軍団旗手であり、軍務24年、享年44歳。相続人建立。(*RIB* 525)

> ポメンティナ区民にしてルクスの出身者クィントゥス・ロンギニウス・ラエトゥスは、コルネリウス・セウェルスの百人隊にあって軍務15年...(*RIB* 535)

1世紀後半に駐屯した第2救援軍団の兵士の出身地は、主としてアドリア海沿岸地域に偏っていたが、それに比べて、第20ウァレリウス勝利軍団に関する墓碑からうかがわれる兵士の出身地はかなり異なっている。東はメソポタミア（オスロエネ）から、トラキア（ベッシ部族）、ノリクム（テウルニア、ケレイア）、北イタリア（ブリクシア、クレモナ）、ガリア（ルグドゥヌム、アレラテ、ウィエンナ）、ゲルマニア（ウルピア・トラヤーナ）、トリポリタニア（オエア）を経て、西のイベリア半島（エメリタ・アウグスタ、ルクス）まで、その地域分布は帝国の全土に及んでいる。地中海沿岸から内陸奥地まで、各地から軍団兵士が集められていた。

また、墓碑全体を見渡すと、軍団内序列の様々な階位が見られる。将校、百人隊長、軍団旗手、元首像持手、特権兵士などがあり、第20ウァレリウス勝利軍団の兵士たちの多彩な生活の様相がうかがわれる。先にも挙げたが、その中の一人であるカエキリウス・アウィトゥスの事例はひときわ興味深い。

> 死者の霊に、カエキリウス・アウィトゥスは、エメリタ・アウグスタ出身にして第20ウァレリウス勝利軍団の百人隊長補佐で

あったが、ここに永眠する。軍務15年、享年34歳。(*RIB* 492)

　この墓碑は、保存状態が極めて良好なものであり、現在グロスヴェナー博物館に収められている。カエキリウス・アウィトゥスは軍団の百人隊長補佐の地位にあり、あご髭のあるずんぐりした人物として浮き彫りされている。彼はエメリタ・アウグスタ（現在のスペイン、メリダ）の出身で、19歳でローマ軍に参入し、15年間軍務に就いた後、34歳のとき、おそらく戦地で死んだか、チェスターで病死した。トゥニカの上に厚い外套をまとっているのは、明らかにこの北辺の町に相応しい姿であり、地中海沿岸地域ではあまり見られないものである。左手には書字板ケースを持っているが、書字板の内側の表面にはワックスがかけられ、行政管理上の出来事が先の尖った鉄筆で記録されたのである。書字板は折り畳んで紐で封をして送付することができた。また、右手には取手

カエキリウス・アウィトゥスの墓碑

のついた剣を携えていた。このような所持品は、地中海沿岸地域の各地で目にすることができるものであり、北辺の町にも地中海文化の息吹が伝えられていたことが分かる。

退役兵の修了証書

　これらの正規軍（legio）は常備軍であり、正規軍兵士は、ローマ市民権をもつ志願兵あるいは徴募兵であった。これに対して、属州の現地民や外国人は補助軍兵士になることができた。彼らも志願兵あるいは徴募兵であったが、長期にわたる軍務を終えた後、ローマ市民権を与えられる。この制度はクラウディウス帝によって始められ、補助軍兵士が25年の軍務後に退役する制度が普及したのは、1世紀末のことだった。

　これらの退役兵には、それを公示する軍務修了証書が授与されている。この軍務修了証書はディプローマ（diploma）と呼ばれ、二つ折りの書板となっている。補助軍の兵士は特殊軍務に携わったので、水兵も例外ではない。エジプト出土の事例を見てみよう（*CIL* XVI 32）。

> 神君ウェスパシアヌスの息子インペラトル・カエサル・ドミティアヌス・アウグストゥス・ゲルマニクス、大神祇官、護民官職権5度、最高司令官歓呼11度、終身監察官、執政官12度、国父は、エジプト長官ガイウス・セプティミウス・ウェケトゥスおよび艦隊司令官クラウディウス・クレメンスの指揮下にエジプトで軍務についた艦隊水兵であるとともに、26年以上にわたって同じ艦隊で軍務にあった高貴な奉仕を解除される者に[授与する]。その名は以下に記すように、彼ら自身、彼らの子供および子孫であり、授与されるのは「市民権」および「市民権受領時にいた妻との通婚権」である。もし独身者であれば後に

娶る者との間に、一人につき一人ではあるけれども、「通婚権」が付与される。

　ガイウス・セキウス・カンパヌスとセクストゥス・コルネリウス・ドラベッラ・ペトロニアヌスが執政官の年の2月17日に。コプト出身にしてクロニウスの息子ガイウス・ゲメルスに。ローマのカピトリウムに保管される青銅板から写され吟味されている。

　ドミティアヌス帝の称号の数々からも執政官両名の名前からも、86年に発行された軍務修了証書の碑文であることが分かる。おそらくアレクサンドリアにあった艦隊で26年以上も勤務に励んだ水兵たちに付与された市民権と通婚権であり、この証書は、特にガイウス・ゲメルスに与えられたものである。
　現役兵の結婚は禁止されていたが、この禁令はセウェルス帝の時代に緩和されている。だが、証書の文面からもうかがえるように、兵士たちは事実上は兵舎の周囲にある民家に女性を住まわせていたという。独身者に付された「一人につき一人」という表現から、例えば兵舎が移動した場合に複数の現地妻がいたことも想像される。重婚を避ける文面には、笑うに笑えない実情が透けて見えるのではないだろうか。

第2節　命がけの競技

　ところで、人類の歴史の中でいずれの世でもどの地にあっても、戦う人といえば軍人である。それ以外の者が武器をとり戦って相手を殺せば、罪に問われる。例えば、反乱にしろ一揆にしろ、首謀者あるいは下手人が捕らえられれば、処刑は免れないだろう。
　しかし、世界史上ほとんど唯一の例外といえる見世物がある。

第1部 碑文でたどるローマの歴史・社会

ローマ帝国社会に広まった剣闘士競技である。しかも、平和と繁栄の地中海世界の全域で数百年にわたって開催された公認殺人競技であったのだ。

もともと敵との戦争の中で、戦死した兵士の霊を宥めるために捕虜たちを戦わせた慣習によるという。征服戦争が続く中で、この慣習が徐々に派手な見世物になり、盛大な興行として民衆の待望するものとなった。

古代都市の遺跡として名高いポンペイの街路には、この見世物興行の広告文が残されている。これらの広告は、たいていは通りに面した私人の住宅や公共建築物の壁に赤いペンキで塗書きされている（碑文カタログ6-②参照）。

カエサル・アウグストゥスの息子ネロの終身神官デキムス・ルクレティウス・サトゥリウス・ウァレンスによる20組の剣闘士の戦いと、彼の息子デキムス・ルクレティウス・ウァレンスによる10組の剣闘士の戦いが、4月8日、9日、10日、11日、12日にポンペイで開催される。公認の野獣狩りがあり、天幕も張ってあるだろう。アエミリウス・ケレルが月明かりで単身これを書く。

広告文を書く専門職人アエミリウス・ケレルの売り込みがあるのは、何とも微笑ましい。時節は春先、おそらくその年最初の催しだったのではないだろうか。というのは、剣闘士たちは冬季の間は養成所において訓練に励んでいたからである。やがて、草花の芽がふき春が訪れる。野外の快適さが感じられるようになると、剣闘士の見世物が催される。

そもそも、剣闘士そのものに数種類のスタイルが設けられていた。これらは、戦いの場面で剣闘士たちが使う武器にちなんで名づけられている。サムニウム闘士、トラキア闘士などは言うまでも

第5章 戦うローマ人

剣闘士の営舎（ポンペイ）

なく、ホプロマクス（重装備闘士）、ムルミルロ（魚兜闘士）、レティアリウス（網闘士）、セクトル（追撃闘士）などの多彩な剣闘士がいた。民衆にはそれぞれに自分の好みのスタイルがあったのだろう。グラフィティはその応援の模様を雄弁に物語っている（*CIL* IV 3547; 3546）。

トラキア闘士のファビウスよ、がんばれ。

魚兜闘士のミヌキウスよ、がんばれ。

民衆が剣闘士試合に注いだ情熱は並大抵ではなかった。民衆の声援は憧れにも似た切ないものになる。すぐれた剣闘士は闘技場の舞台(アリーナ)の大スターであり、若い女性たちの心をときめかせる（*CIL* IV 4342; 4353）。

娘たちのため息であるトラキア闘士ケラドゥス

165

第1部 碑文でたどるローマの歴史・社会

網闘士クレスケンスは少女たちの癒し手

　民衆の声援を浴びながら女性たちの憧れの的になるためには、剣闘士たちは強くなければならない。何よりも勝ち続けなければならなかった。しかし、スターが現れる背後には、数多くの屍が横たわる（*CIL* IV 1421）。

ネロ養成所出身のプリスクス6勝。解放奴隷ヘレンニウス18戦目に死亡。

　敗者には勝者がとどめを刺す。死体を運び出す狭い通路が舞台（アリーナ）の西側にあり、そこは「死者の門」と呼ばれていた。
　剣闘士の多くは奴隷身分であったので、殺されたとき死者を弔う墓はないことが多かっただろう。しかし、たまにはその類の墓碑が残されている。コルドバ出土の事例を挙げておこう（A. García y Bellido no. 8）。

「ケイウスの家」の壁に残されたグラフィティ（ポンペイ）　剣闘士試合の様子を描いたもので、絵の上には剣闘士の名前と勝利した回数も書き付けられている

第5章 戦うローマ人

> ムルミロ（魚兜）闘士のアクティウスは6勝して、21歳で逝った。彼はここに眠る。土が軽からんことを。妻が夫のために自費で献じる。あなたがたの誰であれ、今や死者たる私に願ってくれることが、神々によって生者にも死者にも常になされるように。

　剣闘士としての戦歴の少なさからも年齢の若さからも、アクティウスという名の剣闘士は、おそらく試合中に命を落としたのであろう。生存中の彼には、正規の妻ならずともそれ同然の女がいたにちがいない。彼女は、なけなしの金をはたいて墓を建ててやったのだろう。「土が軽からんことを」という願いの中に、あの世における死者の平安とともに、いずれ死は訪れるにしても生きている者への故人の思いやりを感じさせる。剣闘士としての苛酷な人生を送りながらも、故人には妻と過ごしたひとときがあり、ささやかな安らぎを見出していたのかもしれない。

　戦場にある兵士も死と隣り合わせにいたが、剣闘士は死の奈落の淵で生きることを強いられた人々である。だからこそ、その数少ない墓碑から聞こえてくる声には、何か人の世のはかなさをひときわ感じさせるものがある。

（本村凌二）

剣闘士アクティウスの墓碑

第6章
ローマ世界の広がり

　全世界が一日ごとにより文明化され、以前より人が満ちていることは一目瞭然である。今やあらゆるところに往来があり、あらゆるところが知られ、あらゆるところで交易がなされる。とても快適な農園が、かつての悪名高き荒野を滅ぼし、田園が森を征服し、家畜の群れが野獣どもを放逐した。砂地は耕され、岩地には草木が植えられ、湿地は干拓される。かつて家がなかったところに大きな都市がある。今や島々は恐ろしくなく、断崖も怖くはない。家々が、人々が、国家（res publica）が、生活がありとあらゆるところにあるのだ（テルトゥリアヌス『魂について』30, 3）。

　3世紀初めに北アフリカ出身のキリスト教の教父テルトゥリアヌスが、ローマ帝国の現状について述べた言葉である。ローマの支配下で、安全な交通が実現し活発な交易がなされ、自然の開発により人々の住む領域が拡大し、人々は確たる政治秩序の中で都市に暮らすのだと彼は言う。だが続く言葉は、増えすぎた人々を世界は支えることはできないと否定的な口調に変わる。事実、ローマ帝国が繁栄を謳歌した「ローマの平和」の時代は終わりを告げつつあった。

　しかし、彼の言葉は最盛期のローマ帝国の特徴を言い当てている。ローマは広大な領域を支配しただけでなく、その支配下にある人々の生き方をも否応なしに変えていった。今や可能になったという安全な旅はどのようなものであったのか。ローマの支配に組み込まれた地方の住人たちは、いかに帝国に統合され、彼らの都市生活とはいかなるものであったのか。また、帝国の中心たる都市ローマとイタリアには、地方から何がもたらされたのだろうか。いずれもローマ世界の「広がり」に関わる問いに答えを見出すべく、最盛期のローマ帝国の住人たちが残したラテン語碑文に目を向けてみよう。

第1部 碑文でたどるローマの歴史・社会

第1節　ローマ世界の旅人たち

旅人の足跡：エジプトのメムノン像

　最盛期のローマ帝国を巡った人物がいる。皇帝ハドリアヌスである。117年に帝位に就いた彼は、先帝トラヤヌスのように帝国の拡張に意を注ぐことも、また幾人かの1世紀の皇帝たちのようにローマの宮廷での豪奢な生活に身を委ねることもせず、自らが君臨する帝国を精力的に巡った。20年にわたる治世の半分以上をイタリアの外で過ごした、この「旅する皇帝」は帝国辺境の軍隊を視察するとともに、各地の都市に恩恵を施し都市機能の整備に力を注いだ。軍隊と地方都市の存在こそがローマ帝国の安定の礎であると彼は認識していたのだろうか。だが、ハドリアヌス帝の旅が帝国統治の強化のためだとしても、旅先で出会う様々な文物は彼の好奇心を刺激したに違いなく、彼の旅に観光という側面があったことも否定しがたい。そのような観光の一場面を再現してみよう。

　130年11月21日の明け方、上エジプトのルクソールの西岸で、ハドリアヌス帝は妻サビナと二つの岩の塊の前で夜明けを待っていた。東から昇りつつある太陽の光が、岩が座像であり、さらに向かって右側の像の上半身が崩れ落ちていることを明らかにする。それからほどなく、この崩れかけた像から弦の切れたような音が漏れだした。皇帝は驚きと好奇心に駆られた目を座像に向け、また伝聞通りの音を聞いたことで満足げな表情を浮かべたかもしれない。

　ハドリアヌス帝が目にし、耳にしたのは「歌うメムノン像」である。2体の座像は、新王国時代のアメンヘテプ3世を象ったものだが、このファラオの像が「歌う」ようになったのは、そう昔のことではない。彼の歌の正体は、前27年の地震で崩れた座像の亀

第6章　ローマ世界の広がり

裂に溜まった露が、日の出とともに急上昇した気温により膨張することで、裂け目から生じた音だと考えられている。そして、この像は、ギリシア神話の英雄でエチオピア出身のメムノンのものであり、母親である「暁の女神」に呼びかける声を出すとして耳目を集めていた。

　ところで、ハドリアヌス帝とサビナが「メムノンの歌」を聞いたことは、史書や皇帝の伝記からではなく、巨像そのものに刻まれた文字から知られる。というのも、皇帝の随行者が彼らの訪問を題材に4編のギリシア語韻文を作り、巨像に刻ませたのだ。それによれば、前日には声を発しなかった「メムノン」が翌日には声を発したという。すでに観光名所として広く知られたメムノン像に足跡を刻んだのは、皇帝一行が初めてではない。今でこそ名所名跡に自らの名を刻む行為は良識ある人びとの眉をひそめさせるが、メムノン像に限らずエジプトの王朝時代の遺跡には、ギリシア・ローマ時代の旅人たちが刻んだグラフィティが無数に残されている。メムノン像からは100点強のグラフィティが確認され

メムノン像遠景（エジプト、ルクソール）

ている。その年代は不明なものもあるが、後1世紀前半から像が修理され声を発しなくなった3世紀初頭にまで及んでいる。ラテン語で書かれたグラフィティをいくつか見てみよう（*Colosse de Memnon* 4, 38, 56；碑文カタログ6-③参照）。

> 私こと、ベレニケ鉱山の長官、ルキウス・ユニウス・カルウィヌスは、妻のミニキア・ルスティカとともに、我らがインペラトル、ウェスパシアヌス・アウグストゥスの治世4年4月のカレンダエの15日前（72年3月18日）2時にメムノンを聞いた。

> アレクサンドリア艦隊司令官クィントゥス・マルキウス・ヘルモゲネスは、セルウィアヌスが3度目の、そしてウァルスが執政官の年、3月のノナエ（134年3月7日）1時半にメムノンを聞いた。

> 私こと、アプリアナ補助軍騎兵隊長ティトゥス・ヘルウィウス・ルカヌスが、妻のマエケナティア・ピアと息子のマエケナス・ルカヌスとともに、ケテグスとクラルスが執政官の年、3月のカレンダエの7日前（170年2月23日）の昼の1時に、メムノンを聞いた。

韻文が刻まれることもあったギリシア語グラフィティと異なり、ラテン語グラフィティのほとんどは人名と日時のみを記す定型文である。また、名前を残したのは単なる観光客というよりも公務を帯びた軍人や官吏が多い。エジプトに赴任した彼らは、任務の合間にメムノン像を訪れたのであった。

ところで、グラフィティの4割がラテン語で書かれているが、この割合は当時のエジプトの行政言語がギリシア語であったことを考えると注目に値する。メムノン像はローマ人の関心をひときわ

引いたのであろうか。だが、ギリシア語でグラフィティを残した
ローマ人もいる。ラテン語が選ばれた理由はいくつか考えられる。
まず、イタリアを始め西地中海からエジプトに赴任したローマ人
にとって、ラテン語を使うことはごく当たり前だっただろう。ま
た、ラテン語を常用したローマ軍に属する者も自然にラテン語を
用いたかもしれない。一方、意図的にラテン語が選ばれた可能性
も捨てきれない。ギリシア神話の英雄に対して、現在のエジプト
の支配者はローマ人であるという意識のもとでラテン語が書かれ
たかもしれないのである。いずれにせよ、ラテン語で自らの訪問

碑文の解読に挑戦…❻

メムノン像のグラフィティ

メムノンの巨像はエジプトの町ルクソールのナイル川西岸にあり、今で
も多くの観光客が訪れる観光名所の一つです。多数残されているグラフィ
ティの中から、紀元後170年に書かれたとされるものを見てみましょう（碑
文カタログ6-③参照）。

T(itus) Helvius Lucanus
（私こと）ティトゥス・ヘルウィウス・ルカヌスが〈主格〉

praef(ectus)　　alae Aprianae
隊長が〈主格〉　アプリアナ補助軍騎兵隊の〈属格〉

cum Maecenatia Pia uxore et Maecenate Lucano filio
妻のマエケナティア・ピアと息子のマエケナス・ルカヌスとともに

audi｜Memnonem｜VII Kal(endas) Mart(i)as
聞いた｜メムノンを〈対格〉｜2月23日（3月のカレンダエの7日前）に〈対格〉

Cethego et Claro co(n)s(ulibus)｜hora diei prima.
ケテグスとクラルスが執政官の年に〈奪格〉｜昼の1時に〈奪格〉。

を記録したいと欲するローマ人が少なからず存在し、彼らの願いを叶えるべく、ラテン語を刻むことのできる石工が当地にいたことも注目すべきであろう。

グラフィティはローマ人のラテン語使用の欲求を伝えるが、その細部に目を向ければ現地の伝統の影響を見て取ることもできる。ローマでの標準的な年の表記は、その年の執政官2名の名前を挙げることでなされたが、グラフィティの中にはエジプト式に皇帝の治世年を用いるものもある。このように、メムノン像のグラフィティは短い定型文ながらも、いくらかのバリエーションをもって書かれたのである。

里程標石と支配のプロパガンダ

メムノン像への到達はむろんナイル川を利用して行われたが、ローマ帝国全体を考えた場合、人の移動は、河川や海を利用した水上交通だけでなく陸路によってもなされていた。ローマ世界を行き交う人々がたどったのがローマ街道であった。

地中海を内海とし、ヨーロッパ、アジア、アフリカの三大陸にまたがる領土を支配したローマ帝国に血管のように張り巡らされた街道は、舗装されたものだけでも10万キロメートルにも及んだという。街道には、ローマあるいは主要都市からの距離を刻んだ円柱状か板状の里程標が置かれた。ローマから南に伸びるアッピア街道（第1章第2節参照）を進むこと1ローマ・マイル（1,482m）のところに立てられた第一里程標には、次のように刻まれている（碑文カタログ3-③参照）。

> 1（マイル）。インペラトル・カエサル・ウェスパシアヌス・アウグストゥス、大神祇官、護民官職権7度、最高司令官歓呼17度、国父、監察官、執政官7度、8度目に選出。

第6章　ローマ世界の広がり

　このように、里程標にはローマからの距離のみならず、道路を整備した人物の名も記される。省略せずに記されたウェスパシアヌスの公職就任歴と称号から、76年という年代も特定できる。なぜ里程標に皇帝の名前までもが刻まれるのか。この問いは、極めて実用的と思われる里程標に込められたプロパガンダの存在を気づかせてくれる。ローマの街道はそもそも軍道であった。共和政期に支配領域が拡大するにつれ、有事の際に軍隊と物資をいち早く戦場へ送る必要が生じた。ローマはイタリア支配を確立する過程で各地に植民市を建設し、都市ローマと結ぶための街道を建設したのである。こうした経緯を考えるならば、ローマの道がまずもって支配の手段であったことが理解できるだろう。ローマの支配と秩序の維持を体現するのがローマの道であれば、その整備には十分な注意が払われなければならない。そして、その責任を負うのは、帝政期には皇帝にほかならなかったのである。

　里程標では距離の表示が当然ながら目立ったが、皇帝の名を読み取ることも難しくない。里程標を見やることによって、旅人は

アッピア街道の第一里程標

第1部　碑文でたどるローマの歴史・社会

自らの進んだ距離を測るとともに、歴代の皇帝のおかげで旅ができるとの思いを抱いたのだろうか。少なくとも里程標石を立てた側は、そのような思いを期待しただろう。

　属州においても里程標がローマの支配を表明する手段として機能したことをよく示すのが、69年から70年にかけてユダヤで立てられた里程標である。69年は、ネロ帝の死後の帝位を狙い4人の皇帝が立った内乱の年であったが、ユダヤはローマへの反乱（第一次ユダヤ戦争）の最中でもあった（第2章第2節参照）。66年に始まった反乱は、緒戦でユダヤ人がローマ軍を打ち破ったものの、皇帝ネロは断固たる態度で反乱の鎮圧に臨み、ウェスパシアヌスを総司令官として3軍団をユダヤに送り込んだ。だが68年のネロ帝の自害後、帝国は内乱に突入する。内乱を収束させ69年4人目の皇帝となったのが、ユダヤ反乱鎮圧を指揮するウェスパシアヌスであった。彼は東方の軍団と諸勢力の支持を受け、エジプトのアレクサンドリアで皇帝位を宣言し、内乱の帰趨を見守ったのだった。このような情勢下、ユダヤのカエサリアから内陸のスキュトポリス（現在のベテ・シャン）を結ぶ街道沿いに、次の言葉が刻まれた里程標が立てられた（*AE* 1977, 829）。

インペラトル・カエサル・ウェスパシアヌス・アウグストゥス、マルクス・ウルピウス・トラヤヌス、第10海峡軍団の軍団長によって。（カエサリアから）34（マイル）。

ここでは、アッピア街道の第一里程標と異なり、ウェスパシアヌスの名にはインペラトル（最高司令官）という肩書きのみが添えられている。そして、実際に街道の整備に携わった軍団長トラヤヌスの名も刻まれている。彼は、のちの皇帝トラヤヌスの実父である。当時の里程標には皇帝の名が公職歴と称号を省かずに書かれるという原則に従うならば、この里程標が立てられたのは、

ウェスパシアヌスが皇帝位を宣言した69年7月から、内乱の勝利者となった直後の同年12月ないし翌70年1月に元老院が「ウェスパシアヌス帝の命令権に関する法」(第2章第2節参照)を決議し、公職を与えたとの知らせがユダヤに伝えられるまでの間となる。

　反乱と内乱の最中に立てられた里程標から、どのような政治的意図が読み取れるだろうか。ユダヤ反乱との関係からいえば、70年に始まるエルサレム包囲戦のために、ローマ側の拠点カエサリアからの道路を整備するという戦略的な課題に応えると同時に、ユダヤにおけるローマの支配権を住民たちにアピールするものでもあった。一方、街道の敷設を指揮したトラヤヌスにとっては、まだ帝位をめぐる内乱の趨勢の定まらぬ時期にウェスパシアヌスの名を刻むことで、彼なりのやり方で新皇帝への支持を表明したのであろう。この里程標は、ユダヤの属州住民のみならず、やがてウェスパシアヌスの支配が確立した後に街道を通るローマ人たちの目を意識して立てられたかもしれないのである。

旅の危険：ある伝令の墓碑

　盤石なローマの支配を象徴するかのように街道が整備されたローマ帝国においても、旅には常に危険があった。ラテン語の墓碑には、被葬者が「追い剥ぎたちによって (a latronibus)」殺されたと明記するものが少なからずある。旅人が移動中に命を落とす危険は現実の脅威としてあったのである。現在のドイツのトリーア (古代のアウグスタ・トレウェロルム) で見つかった韻文で書かれた墓碑は、そのような追い剥ぎの犠牲者を悼むものである (*CIL* XIII 3689)。

失われた魂を悼む者は、愛によって慰められるだろう。死は命を奪い去ることができたが、その運命のあとも生き残った名声

はなお栄える。身体は消え去ってしまったが、名前は口の端にのぼり、生き、賞賛され、読み上げられ、記念され、愛される。アウグストゥスの伝令、脚において素早き走者。彼とその祖国には、ラテンの民の名であるサビヌスの名がある。何たる残虐な非道の行いよ！宣告されることなく死刑を定められた彼はここに至り、追い剝ぎたちの計略に欺かれて命を落とした。悪行よ、お前は何も成し遂げてはいない。消え去ることを知らぬ名声があるのだから。トゥリウスが埋葬した。

　被葬者はサビヌスという名で、都市ローマの北東にあるサビニ人の故地に生まれ、皇帝の伝令として健脚を誇っていたようだ。だが、任務で訪れていたのだろうか、トリーアで命を落とすことになった。そして彼のために立てられた墓碑には、彼の名声が残るようにと詩が刻まれたのである。死後も行いと名声が忘れ去られずに後世にまで語り継がれることへの希望は、ローマ人に広く

トリーアのポルタ・ニグラ　ドイツ最古の都市トリーアにはローマ時代の遺跡が数多く残る。2世紀末に市壁の北門として建造されたポルタ・ニグラもその一つ

共有されていた。小プリニウスはある書簡の中で、「人々の記憶に残る何か大きな功績をあげた人は誰でも皆、彼らが得て当然の不滅性を熱心に希求し、運命づけられた永遠の名声を、その最後の墓碑銘によってすら延ばそうと努めたとしても、それは許されることであるばかりか、称讃されて至極正当である」と述べている（『書簡集』IX, 19）。サビヌスの非業の死は、彼の名が現在まで伝わることによって報われたのであろうか。

第2節　ローマの支配と地方社会

　街道網で結びつけられたローマ帝国を実際に旅したのは、帝国の住人のごく一部であり、行政や軍事の任務を負った者たちか物資を運ぶ商人たちであった。だがローマの支配は、故郷を離れることなく生きた大部分の住人の生活にも大きな影響を及ぼした。ローマの支配下で、人々の生活は物理的な意味だけでなく、制度的・文化的にも「都市」を中心にしたものへと変化していった。本章冒頭で引いたテルトゥリアヌスが述べる都市の建設や、ハドリアヌス帝が恩恵として進めたような地方都市の整備は、帝政期を通じて行われた。こうして各地で発達した都市では、ローマの元老院を擬するかのように地方社会の貴顕の士が集い、地方自治を担い、ローマ文化が栄えたのである。テルトゥリアヌスが「ありとあらゆるところに国家（res publica）がある」と述べる時、「国家」は地方都市を意味し、ローマ帝国は地方都市の集合体からなっているという理解を示しているのである。

　この「都市化」と呼ばれる現象は、帝国の一体化を促すと同時に、ローマの支配を強めることとなった。このことをよく示すのが、歴史家タキトゥスの言葉である。後1世紀後半に属州ブリタニアの総督を務めた岳父アグリコラの伝記の中でタキトゥスは、アグリコラが神殿や市場、家屋を建て、都市生活を導入し、有力者の

子弟にローマ人と同じ教育を受けさせたと伝える。やがて現地人は進んでラテン語とギリシア語を学び、ローマ人の服装をまとい、ローマ人の生活習慣を受け入れた。そしてタキトゥスは「これを何も知らない原住民は、文明開化と呼んでいたが、じつは奴隷化を示す一つの特色でしかなかった」と結ぶ（『アグリゴラ』21）。

　有形・無形のローマ文化を受け入れると、いつのまにかそれなしには暮らすことができなくなる。こうして提供されたローマの価値観から抜け出せなくなってしまうという仕組みは、ローマ人が意図したかはともかく、なかなか優れた文化政策と見なすことができる。事実、ローマの支配下で享受できる文明と平和には抗しがたい魅力があったようだ。そして、帝国各地から出土したラテン語碑文は、地方の人々がローマの支配といかに向き合ったかを明らかにしてくれるのである。

ローマ市民権：バナサ青銅板

　ローマの支配下に生きる人々は、文明と平和を享受するだけでなく、やがて支配者の側に立つ可能性をも手にしていた。ただし、それぞれの地方社会において富と地位を備えたひとかどの人物であれば、という条件が付いていたが。大規模な官僚制を持たないローマ帝国は、地方の富裕層に治安維持や徴税といった帝国支配の根幹を委ねていた。そして、ローマに忠誠を示し地方社会の安定に尽くした地方富裕層には、法的にもローマ人になること、すなわちローマ市民権の獲得が認められた。地方有力者にとってローマ市民権は、彼らが生まれ育った社会で卓越した地位にあることを証明するだけでなく、ローマ帝国の中でのさらなる栄達を望むことを可能にしたのであった。

　ローマ市民権は、地方都市の公職経験者に与えられるよう定められることもあったが（第2章第3節参照）、皇帝への申し立てに

よって特別に与えられることもあった。そのような手続きを伝えるのが、北アフリカの属州マウレタニア・ティンギタナ（現在のモロッコ）で発見された青銅板である。セブー川沿いの植民市バナサに掲げられていた、この青銅板には、マウレタニアの一部族ゼグレンセス人の長ユリアヌスの請願に応えて、彼とその家族にローマ市民権を付与する旨を記した皇帝の書簡（160年代）に続いて、彼の息子による同様の請願への返書（176-7年）、そしてこの第二の書簡で命じられた市民権付与者の登録の記録（177年）が刻まれている。

　第一の書簡は、ユリアヌスを推薦し、実際に書簡を送った属州総督コイエディウス・マクシムスに対する皇帝マルクス・アウレリウスとルキウス・ウェルスの返書である。この返書によれば、ユリアヌスが部族の良家の出であり、ローマへの忠誠が同じ部族の他の者よりも著しく勝っており、彼らの模範となると期待されるがゆえに、市民権付与が認められている（碑文カタログ5-④参照）。

貴官の書簡に添えられたゼグレンセスのユリアヌスの請願書を我々は読んだ。最大級の功績によってもたらされる元首の恩恵なくして、これらの部族の者にはローマ市民権は通常与えられない。しかし彼は自身の民の第一人者の出自であり、我々のなすことに進んで従い、いとも忠実であると貴官が証言しているので、また、ゼグレンセス人たちの間の多くの家族が自身の精勤に関して、(彼に) 匹敵すると主張しえないと我々は考えるものの、彼の家に我々が与えた名誉により、多くの者がユリアヌスとの競争に駆り立てられることを我々は望んでいるので、彼自身、妻ジディナ、および子供たちであるユリアヌス、マクシムス、マクシミヌス、ディオゲニアヌスに、部族の法を保持したままでローマ市民権を与えることを我々は躊躇わない。

第1部　碑文でたどるローマの歴史・社会

　続いて刻まれた第二書簡は、ユリアヌスの同名の息子による請願に応えたものである。彼は妻と子供たちに市民権が与えられるように願い出て、やはり受け入れられている。ローマ市民権は、両親がローマ市民である場合にのみ子供に受け継がれる。したがって、すでに生まれている子供は別途、そしてこれから生まれる子供のために妻も、ローマ市民権を得る必要があったのである。

　第二書簡は第一書簡と似ているが、市民権付与を記録するため各人の年齢を書き送れ、との命令が最後に下されている。この命令が実行された上で市民権付与がローマで行われた。具体的には、歴代の皇帝がローマ市民権を与えた者のリストに部族長の妻子の名が書き加えられたのである。そして、市民権付与をユリアヌスに伝える文面が作られ、皇帝の顧問会を構成する有力元老院議員と騎士の承認を経てユリアヌスに送られた。その文面も青銅板に記録されている。

　この青銅板から、ローマ市民権付与の手続きは次のように再構成される。部族長はローマから赴任した属州総督の推薦を得て、皇帝に請願書を提出する。それが吟味され、受け入れられればローマで正式な市民登録がなされる。ローマ市民権の有無は帝政期になってあまり意味を持たなくなったという見解もあるが、この青銅板はローマ市民権を熱心に求める者の存在と、市民権の付与と管理が細心の注意をもって行われていたことを知らしめるのである。

　バナサの青銅板は、帝国各地の有力者が無数の請願を皇帝に送り、返答を受け取っていたことをうかがわせる。事実、皇帝への請願と返書は多くの碑文に刻まれており、帝国周縁部の部族だけでなく地方都市や個人も皇帝に働きかけ、恩恵を得ようとしていたのである。皇帝の権力は絶大ではあるが、下からの働きかけがあって初めて発動される、極めて受動的なものだとする有力な見解がある。ローマ帝国が地方の有力者、この青銅板では「第一人

者」と呼ばれる人々を、帝国支配層に取り込んでいく構造を有していたとしても、中央を志向する地方有力者からの自発的な働きかけがまず存在したのである。

内陸ガリアの皇帝礼拝

　帝政期に入り成立した皇帝礼拝（第2章第1節参照）には、地方におけるローマの支配を強化する機能もあった。カエサルのガリア遠征によってローマの支配下に入り「ガリア・コマタ（長髪のガリア）」とも呼ばれた内陸ガリアを例に、属州における皇帝礼拝のあり方を見てみよう。内陸ガリアは、属州アクィタニア、ルグドゥネンシス、ベルギカからなり、これらはしばしば「ガリア三属州」としてまとめて扱われた。それぞれが現在のフランス南西部と中・北西部、そして北東部とベルギーにほぼ相当する。

　内陸ガリアの中心都市がリヨン（古代のルグドゥヌム）である。前12年、ガリア情勢を安定させるためにアウグストゥス帝に派遣された彼の継子ドルススは、「ローマとアウグストゥスの祭壇」をこの地に建てた。以後、リヨンはガリア三属州における皇帝礼拝の中心地となった。ローマを擬神化した女神と存命中の皇帝を祀る行為は、イタリアでは到底受け入れられなかっただろうし、西部属州でも共和政期からの属州でも認められなかった。だが、新たにローマの支配下に入った地域では状況が異なっていた。小アジアでは皇帝礼拝が属州側からの要請によって認められ、ここ内陸ガリアでは支配者によって導入されたのであった。

　皇帝礼拝の年祭は、在地のケルトの神ルグの祭日と同じ8月1日に開かれた。こうして皇帝礼拝は在地の宗教慣習に接ぎ木され、スムーズな受容が促された。祭にはローマ人を熱狂させた剣闘士競技が開催され、ガリア人も固唾をのみ、歓声をあげ観戦しただろう。また、弁論コンテストも開かれ、ラテン語と弁論術を学ん

第1部 碑文でたどるローマの歴史・社会

だガリア人たちが競い合った。前述のタキトゥスの言葉を思い起こさせる情景である。皇帝礼拝と付随する祝祭はローマ文化を普及させる場でもあったのである。

　年祭を主宰したのが1年任期の「ローマとアウグストゥスの祭壇の祭司」である。祭司は、年祭に合わせて開かれ、60に及ぶ部族の代表が集った属州会議で選ばれた。つまり、祭壇の祭司はガリア三属州最高の地位であり、皇帝礼拝を通じてローマとの結びつきを誇示することができたのである。こうして、それぞれの部族の有力者は祭司職を競いながら、ローマへの忠誠を強めていったのである。

　リヨンの祭壇近くからは、皇帝礼拝祭司を讃える碑文が多く見つかっている。その中に、父と祖父も祭司を務め、おそらく本人も祭司経験者であるポンペイウス・サンクトゥスとその娘を讃えて出身部族が立てた碑文がある。彼の一族の彫像を載せた台座に彫り込まれていたと考えられている碑文には、次のように書かれている（*CIL* XIII 1704）。

リヨンの円形闘技場　ここで皇帝礼拝の年祭競技が行われたとされる

ポンペイア・サビナ、ガイウス・ポンペイウス・サンクトゥスの娘、マルクス・ポンペイウス・リボの孫に。
ガイウス・ポンペイウス・サンクトゥス、祭司マルクス・ポンペイウス・リボの息子で、祭司ガイウス・ポンペイウス・サンクトゥスの孫、クィリナ区民に。
ペトロコリイ人たちの公費で（この碑を立てた）。

　ポンペイウス・サンクトゥスは部族全体の利益となる行為をしたのであろうが、その詳細は不明である。サンクトゥスは、代々皇帝礼拝祭司を輩出するペトロコリイ部族の名家の出であったが、部族を挙げて顕彰を受けるほどの信望を集める人物となる要件は何であったのだろうか。この問いに答えるための手がかりとなるのが、ペトロコリイ部族の中心集落であったペリグー（古代のウェスンナ）にサンクトゥスの父親リボが立てた奉納碑文である（碑文カタログ1-③参照）。

[...]とアポロ・コブレデュリタウス神に。マルクス・ポンペイウス・リボ、祭壇の祭司たるガイウス・ポンペイウス・サンクトゥスの息子、クィリナ区民、祭壇の祭司で、いずれもかつて**老朽化により崩れ落ちていた女神トゥテラの神殿と公共浴場を自らの費用で再建した者**が、自らの意志により適切に誓願を果たした。

　この碑文は、神の力を借りて願いを成就させた返礼として行われた奉納を記録しているが、奉納者のリボは、皇帝礼拝祭司を務めたことに次いで、自らが神殿と公共浴場の再建者であると記している。公共施設の再建は、彼にとって誇るべき事績であったのである。ローマ属州の「都市化」は、皇帝の恩恵によって行われることもあったが、ほとんどの場合、在地の有力者の出費によっ

て推進された。彼らは有力者としての名声を得て地位を守るために、進んで出費を行ったのである。

ところで、この碑文が捧げられた神々のうち、その名前を読み取ることのできるアポロ・コブレデュリタウスとは、在地の神コブレデュリタウスにギリシアの神でローマにも招来されたアポロの名を冠したもので、これらの神が同一視されたことを示している。ローマ人たちは各地で出会った神々のもつ特性や機能を鑑み、自分たちの神々が各地で違った名前で呼ばれ、違った姿で現れていると理解した。そして現地の人々も、ラテン語でこれらの神々の名前を記す時には、ローマの神の名と元来の神の名を併記するようになった。なお、リボが再建した神殿が祀るトゥテラは、南ガリアで篤く信仰された女神であるが、ヘレニズム世界の運命の女神テュケーが転じたものである。現地人がローマの神話体系を理解し、その中に土着の神を位置づけていたかは定かではない。しかし、ローマ人にしてみれば同じ神を崇め奉っていたのである。このようにローマ人は、属州の住人が土着の神々を信仰し続けることに対しては寛容であったのである。

パルミラの三言語併用碑文

ローマ帝国の支配下にある人々がローマの体制と文化に統合されていく過程で、大きな役割を果たしたのは彼らの「自発性」であり、彼らの文化が意に反して禁じられることは例外的であった。そして、ラテン語の使用もローマ文化の受容の一つであったが、それによってこれまで使われてきた言葉が直ちに用いられなくなるわけではなかった。ローマ進出以前から碑文を立てる慣習のあった東方属州において、新たに使われるようになったラテン語と従来の言語が併記された碑文がしばしば見られる。ここでは、保存状態のよい遺跡が残ることでも有名なシリア内陸部のパルミラか

第6章　ローマ世界の広がり

らの事例に目を向けてみよう。

　パルミラ（現地の言葉ではタドモル）は、ローマとイラン系のパルティア王国との国境地帯に位置した都市である。ヘレニズム王国の一つ、セレウコス朝シリア王国が前64年に滅んだのち、パルミラは東西貿易のために行き交う隊商を護衛することで急速に発展した。都市域の南東に威容を誇るベール神殿の建設・拡張が前1世紀から後1世紀にかけて行われ、後1世紀後半には都市参事会や民会といった都市制度が確立し、2世紀には劇場や広場といった都市施設を備えるようになる。ここに、ギリシア・ローマ的な都市の制度と景観の獲得という「都市化」のプロセスを見ることができる。やがて3世紀の半ばにローマから独立し分離王国を打ち立て、パルミラは女王ゼノビアの名前とともに歴史に名を残すことになる（第3章第1節参照）。

　都市の広場の南西面に沿って建てられたディオクレティアヌス帝時代のものとされる市壁の残骸から、ラテン語、ギリシア語、パルミラ語の三言語で書かれた1世紀の墓碑が見つかっている。ラ

パルミラの遺跡

第1部 碑文でたどるローマの歴史・社会

テン語ではハエラネスと呼ばれたハイランなる人物のものである（碑文カタログ4-④参照）。

(ラテン語) ハエラネス、ボンネの息子、ラベルスの息子、ミタ部族に属するパルミラ人、自らと自らの家族のために作った。

(ギリシア語) 363年クサンディコス月、ハイラネス、ボンナイオスの息子、ラベロスの息子、パルミラ人で、ミタ部族に属するもの。自らのために、および父ボンネス、母バアルテガ、家族のために、善意から（作った）。

(パルミラ語) 363年ニサン月。これはハイラン、ボーナの息子、ラブエルの息子、ボーナの息子、アテナタンの息子、タイマイの息子、ベネ・ミタ部族のタドモル（パルミラ）人の墓である。彼はこれを彼の父ボーナと、彼の母バールテガ、ベネ・ガッディボール部族のベルシューリの娘、彼自身、彼の息子たちのために、彼らを讃えるために作った。

　名前と出自に加え、墓が自らと家族のためのものだと簡潔に示すラテン語に対し、ギリシア語とパルミラ語はより詳細に書かれている。まず日付がある。363年とは、セレウコス王国で使われた前312/1年を元年とする暦による表記で、紀元後51/2年を示す。セレウコス暦はローマ支配下でも使われ続けたのである。月名については、ギリシア語でマケドニアの暦を、パルミラ語でバビロニア以来の暦を用いており、ともに3月下旬から始まる月を指している。したがって、墓碑は52年の春に建てられたのである。そして、ギリシア語ではハイラン以外の被葬者が「父ボンネス、母バアルテガ、家族のために」と詳しく、パルミラ語にはハイラン自身について5世代さかのぼるまでの祖先の名が列挙され、被葬

第6章　ローマ世界の広がり

者についても「息子たち」が言及され、母の名前には彼女の父の名と所属部族名が書かれている。ギリシア語とパルミラ語には、実際に読まれる可能性が高いことと、これらの言語での個人を表記する際の伝統に則ってか祖先の名が詳細に記録されている。

　ローマの進出以前にさかのぼる古い家柄を誇るハイランは、パルミラの名望家であった。墓碑が建てられてから20年以上たった74年、パルミラの参事会と民会は、彼を顕彰し彫像を立てる名誉を与えた。彫像が置かれた記念柱は、広場から南東に数十メートルに位置する市門の前に立てられ、顕彰碑文が刻まれた。名前の表記は墓碑と若干異なっているが、やはり三言語で次のように書かれている（*Inscriptions de Palmyre* no. 13）。

（ラテン語）**パルミラ人の参事会と民会が、ハエラネス、ボンナの息子で、ラベルスとも呼ばれる彼を、敬虔にして祖国を愛する者として（讃える）。**

（ギリシア語）**参事会と民会がハイラネス、ボンネスの息子で、ラベロスとも呼ばれる彼を、装飾者であり、敬虔にして祖国を愛する者として（讃える）。385年クサンディコス月。**

（パルミラ語）**参事会と民会がハイラン、ボーナの息子で、ラブエルとも呼ばれ、「神々の家」に装飾を施し、祖国を愛する彼のために、彼を讃えるべく、この彫像を立てた。385年ニサン月。**

　ここでもラテン語は簡潔だが、パルミラ人の参事会と民会が顕彰したことが明記され、都市外の人間に読まれることを意識していたようである。一方、残る二言語では、彼が敬虔で愛国者とされた理由が、神殿の装飾のための費用を負担したからだと詳述さ

れている。ここにも、都市の整備を担う在地の有力者の姿を見て取ることができる。

ハイランの墓碑と顕彰碑文からは、パルミラでラテン語が簡潔ながらも確実に用いられていたとの印象を受ける。しかし、パルミラの碑文全体の中でラテン語碑文はごく少数にすぎない。1世紀から3世紀までの決議碑文43例のうち、ラテン語を使うのはハイラン顕彰決議のみである。残りの大部分がギリシア語とパルミラ語の併記で、いずれかの言語のみを用いるものは数例である。ハイラン顕彰決議は、パルミラの参事会と民会の決議碑文の中では最も古く、パルミラに自治的な都市制度が導入された時期のものだと考えられている。都市制度の変化はローマの支配の進展と密接に関わっていたが、ラテン語は参事会と民会の活動を記録する言語とはならなかったのである。また、パルミラからのラテン語碑文は他言語との併用碑文を含め30点あまりあるが、そのほとんどが、ローマ人名をもつ徴税人や軍人の墓碑、あるいは彼らや皇帝家の人物を讃えるものであり、ラテン語の使用とローマ人との結びつきは明白である。この点でもハイランの碑文は例外的である。さらに、ハイランを顕彰する別の碑文は、ギリシア語とパルミラ語の併用碑文であり、ラテン語は使われていない。ハイランはラテン語に何らかのこだわりを持っていたのかもしれないが、それを徹底させるには到らなかった。アレクサンドロス大王による東方遠征以来、東地中海世界の共通語としての地位を確立していたギリシア語と、在地の言葉であるパルミラ語の重要性が失われることはなかったのである。

第3節　流れ込む人々と神々

すでに指摘したように、ローマに支配された人々のうち、社会

第6章　ローマ世界の広がり

上昇を遂げ帝国の支配者の側に転じる人々もいた。最も成功した者は元老院議員となり、故郷との絆を保ちつつもローマに居を構えたであろう。だが、支配者としてイタリアに向かい帝都ローマに移り住んだ人々は、ごく一握りである。皇帝を筆頭に帝国の最富裕層が集い、100万の人口を数える都市ローマは、奢侈品から日用品までの様々な物資と労働力を必要とした。この巨大都市の需要を満たすために、帝国各地から商人が訪れ（第4章第1節参照）、奴隷たちが自らの意志と無関係に移動を強いられた。ローマ帝国の拡大期であった共和政後期と異なり、帝政期には奴隷供給源としての戦争捕虜の重要性は低下したとされるが、それでも都市ローマとイタリアにおける需要を満たすために、奴隷たちが次々ともたらされていったのである。

奴隷の境遇は決して恵まれたものではなかったが、彼らは主人の好意や遺言により、あるいは自らが蓄えた金で自由を買い取り解放されることもあった。解放奴隷たちは、元主人に忠誠を尽くす義務を持ったものの身分上は自由人となり、合法的に家庭をもち、子孫たちはローマ市民として生きていく可能性を手にしたのである。帝国全体では全人口の2割弱、イタリアでは人口の3割を占めたとされる奴隷のうち、いかほどが解放奴隷として第二の人生を歩んだのかは定かではない。だが、彼らはラテン語碑文に頻繁に現れるのである。

本節では属州から都市ローマやイタリアに目を転じ、帝国の中心部に「ローマ世界の広がり」を見てみよう。そこには、様々な出自の人々が様々な信仰を持ち込んでいた。また、法的・社会的に上昇を遂げつつあった解放奴隷の姿からは、地理的な広がりだけでなく、ローマ社会の垂直方向の広がりを見出すことができるだろう。ローマ帝国は、属州だけでなくその中心部においても変化を経験したのである。

第1部 碑文でたどるローマの歴史・社会

エジプトからの奴隷とイシス神官

　アッピア街道をたどりローマに向かう旅人は、まもなく目的地に到着する頃、いつしか無数の墓の間を進むことに気づくであろう。あるいは全く気に留めないかもしれない。都市域に死者を埋葬することが禁じられていたローマ帝国の都市において、街道沿いに墓が広がることは当たり前であったのだから。だが我々は一つの墓の前で歩みを止めてみよう。三人の人物の胸像が彫り込まれた墓標の下には、それぞれの名前が刻まれている（碑文カタログ4-③参照）。

　　ガイウス・ラビリウス・ヘルモドルス、ポストゥムスの解放奴隷
　　ラビリア・デマリス
　　ウシア・プリマ、イシスの女神官

　ローマ市民は個人名（praenomen）、氏族名（nomen）、家族名

アッピア街道に置かれた
ヘルモドルスの墓碑のレプリカ

第6章　ローマ世界の広がり

(cognomen)の三つの名前を持っていたが、女性には個人名がなかった。家族名はもともと有力氏族に属する者のみのものであったが、帝政期には全てのローマ市民が持つようになり、個人の識別にはこの家族名が使われるようになっていた。一方、奴隷は一つの名前しか持たず、解放された時に主人の個人名と氏族名を引き継ぎ、これまでの名前を家族名としたのである。

したがって第一の被葬者は、奴隷のときにはヘルモドルスという名前のみを持ち、解放されて主人のガイウス・ラビリウス・ポストゥムスから二つの名前を受け継いだのである。第二の被葬者デマリスも解放され、ラビリウスの女性形であるラビリアを名乗った。この二人は解放後に晴れて夫婦となったようである。

彼らの主人ポストゥムスは、キケロの弁論『ラビリウス・ポストゥムス弁護』から知られる騎士身分出身の人物である。前58年、王位を追われたプトレマイオス朝エジプト王国のプトレマイオス12世はローマに赴く。ローマの後ろ盾を得て復位を狙う彼は、ポストゥムスを始めとするローマ人から活動資金を借りた。そして、前55年の王の復位とともにポストゥムスはエジプトに渡った。王は借金返済のためにポストゥムスをエジプトの財務長官に任じたものの、民衆の反発を恐れ、彼を投獄する。ローマに逃げ帰ったポストゥムスはエジプトでの行いを咎められ裁判にかけられるが、この裁判は、実際にはカエサル、ポンペイウス、クラッススによる三頭政治を支持する彼に対する元老院派の攻撃という政治的な性格を持っていた。この裁判で彼を弁護したのがキケロであり、裁判の結果は不明であるが、おそらく無罪を勝ち取ったようだ。

このような地中海の覇権国家としての対外介入と内乱の時代を生きたポストゥムスに仕えたヘルモドルスであるが、彼の名（ギリシア語ではヘルモドロス）がエジプトではごく一般的な名前であることから、彼がポストゥムスのエジプト滞在時に獲得され、ローマへと連れてこられた可能性は十分にある。

第三の被葬者ウシア・プリマにはイシスの神官との肩書きが添えられ、彼女の胸像の両端にはシストルム（振鈴）と杯が彫り込まれている。イシス信仰の中心は、信徒しか与ることができず他言を禁じられた秘密の儀式、密儀にあった。アプレイウス『黄金のロバ』の主人公ルキウスは、イシスの助けによってロバから人間に戻り、この女神に帰依し密儀を受けている。彼は密儀に参加するために少なからぬ額の金銭を支払い、一定期間の節制を経たのちに儀式に臨む。だが、肝心の密儀についての記述はぼかされている。どうやら世界の秘密を知り、復活を体験することであったらしい。エジプトの神話において、イシスは主神オシリスの妹にして妻であり、弟セトに殺されバラバラにされたオシリスの遺体を探し当て、縫い合わせて復活させる。このような神話を背景として、イシス信仰には復活の願いが込められたのであろう。そして、個人の救済を約束する異国からの宗教はローマ人の心をとらえたのである。

ローマとパルミラの「太陽神」

陸路でローマに向かう場合は都市ローマから放射状に伸びる街道のいずれかを使うことになるが、船を使った場合はテヴェレ川をさかのぼることになる。ローマに到着し東岸に降りればアヴェンティーノの丘の麓、西岸はジャニコロの丘の麓で現在トラステヴェレと呼ばれる地区であり、いずれも河川交通によって運ばれる物資が荷揚げされる港湾地区である。このトラステヴェレからは、太陽神に捧げられた祭壇が発見されている。祭壇正面には次のような銘文が刻まれている（碑文カタログ1-②参照）。

> **いとも聖なる「太陽」への奉納物。**ティベリウス・クラウディウス・フェリクスとクラウディア・ヘルピス、および彼らの息

第6章　ローマ世界の広がり

**子クラウディウス・アリュプス、「ガルバの倉庫」の第三区画
の住民たちが、自らの意志により適切に誓願を果たした。**

　この定型的な文言による奉納碑文から、祭壇が太陽神ソルの力を頼んだ誓願成就の返礼として捧げられたことが分かる。奉納者のフェリクスとヘルピスは、その名前からして、ともにクラウディウス帝かネロ帝の解放奴隷であった可能性が高い。しかも、テヴェレ川東岸に位置し住居も備えた大規模な貯蔵庫であった「ガルバの倉庫」は、後1世紀後半に皇帝家の管理下に置かれ、ローマ市住民に無料で配給される穀物（annona publica）の貯蔵場所として用いられたため、ここに皇帝の解放奴隷が住み込み、何らかの業務に携わっていたと考えても不自然ではない。

　1世紀半ばより皇帝に仕えた奴隷たちは、次第に皇帝個人の使用人という立場を超え、帝国運営に関与するようになった。彼らは、皇帝に仕えることにより一般の自由人が持ちえない権力と富を手にした。そして自由を手に入れたあとも、子孫が確たる地位を築くことを期待できたのである。皇帝の奴隷は奴隷人口のごく一部を占めたにすぎなかったが、彼らの生き方は、ローマの奴隷制度がもつ社会上昇の可能性をよく示している。

　ところで、祭壇の他の面を見ると、この祭壇が皇帝の解放奴隷の家族によってのみ奉納されたのではないことが分かる。正面から向かって左側には、パルミラ語の碑文が刻まれている。

**この祭壇はマラクベルとパルミラの神々のためのものである。
ティベリウス・クラウディウス・フェリクスとパルミラ人たちが
これを彼らの神々に捧げた。平和。**

　マラクベルとはシリアのパルミラで崇められた太陽神で、「ベールの使者」という意味を持つ。ラテン語碑文とパルミラ語碑文の

第1部　碑文でたどるローマの歴史・社会

太陽神の祭壇左面
パルミラ語の碑文が刻まれている。図像については碑文カタログ1-②参照

　間の齟齬は明らかであり、同じ内容を二つの言語で記したと考えるには無理がある。パルミラ語碑文では、祭壇を捧げられた神は、太陽神に加え、名前が挙げられないパルミラの神々に対してであり、奉納者もフェリクスとパルミラ人となっており、フェリクスの家族は現れない。「パルミラ人たち」は、フェリクスとその家族とは別の人々と考えた方がよさそうである。

　この「パルミラ人たち」は、故郷におけるマラクベルの信仰をそのままローマに持ち込んでいたわけではないようだ。パルミラでマラクベルは単独で崇拝の対象となることはなく、月の神アグリボルと対になるか、空と嵐の神バールシャミンにアグリボルとともに従う姿で崇拝されていたからである。祭壇を奉納した「パルミラ人たち」は、ローマの太陽神を自らの太陽神に引きつけて崇拝の対象にしたが、それでもなおマラクベルのみへの奉納など考えられずに「パルミラの神々」にも併せて奉納したのであろう。おそらく「パルミラ人たち」は商人としてローマに逗留し、「ガルバの倉庫」で働く皇帝の解放奴隷フェリクスとともに祭壇を捧

げたものの、それぞれ異なる神を思い描いたのであろう。そして、その違いが碑文の文言の違いに反映されたのである。地方で信仰された神々を、ローマ人たちが自らの信仰する神と重ね合わせて理解していったことはすでに述べたが、ローマに移り住んだ人々もまた、ローマの神々を自らの故郷の神々と重ね合わせていったのである。

　ところで、この祭壇の発見場所の周辺からは、東方由来の神々への信仰に関わる碑文が30点あまり見つかっている。その大半がラテン語で書かれているが、ギリシア語やパルミラ語のものもある。商人たちの往来が多かった港湾地区トラステヴェレは、都市ローマにおける東方宗教の中心地だったのである。すでに見たイシスを含め、様々な神々が人々の移動に伴いローマに流れ込んだ。外来の宗教は禁じられることなくローマ人に受け入れられたが、太陽神ソルとマラクベルの祭壇に見られるように、その受容の実態はニュアンスに富んだものであった。

「エルサレムの捕囚」

　アッピア街道の元来の終点は、カンパニア地方内陸部の都市カプアであった。そのカプアから南に20kmほど向かうと、ナポリ湾に行き当たる。帝政初期のナポリ湾一帯は、ヴェスヴィオ山の麓に広がる地味豊かな土地と海に臨む絶景を誇る別荘地であり、皇帝家を始めローマの貴族たちの邸宅が湾に沿って並んでいた。だが、ナポリ湾は東方からイタリアに物資を運ぶ船が着く場所でもあった。海上貿易によってとりわけ繁栄を誇ったのがポッツォーリ(古代のプテオリ)である。この港湾都市にはローマのトラステヴェレ地区と同様に、帝国各地から商人が集い、異国の文化も流れ込んでいた。例えばエジプトの神々について言えば、プトレマイオス朝初期に創出されたサラピス神の神殿が、ここポッツォー

第1部 碑文でたどるローマの歴史・社会

ナポリ、ポジリポの丘からナポリ湾を望む

リには前2世紀末までに建てられていたのである。

　ポッツォーリからナポリ（古代のネアポリス）に向かって西に伸びる道の傍らから、ある女性の墓碑が見つかっている。そこから、ローマ帝国の広がりを体現した彼女の短い生涯をたどることができる（*AE* 1999, 455）。

クラウディア・アステル、エルサレムの捕囚。アウグストゥスの解放奴隷、ティベリウス・クラウディウス・プロクルスが（この墓碑の建立を）取りはからった。何人も私の銘文を壊すものがないように法に従って配慮すると請け合ってもらえるように、私はあなた方にお願いする。彼女は25年生きた。

　エステルというユダヤ人に特徴的な名前に由来するアステルという名を持ち、「エルサレムの捕囚」と明記された彼女の出自は疑うべくもない。彼女は70年のエルサレムの包囲を生き延びたのである。69年の内乱を制したウェスパシアヌスはローマに戻るが、息子ティトゥスはユダヤに残り反乱の鎮圧に努めた。エルサレム

第6章　ローマ世界の広がり

を包囲し陥落させたティトゥスはローマに凱旋する。凱旋式の光景は、フォロ・ロマーノに建てられたティトゥス帝の凱旋門を飾る浮き彫りにも描かれ、エルサレムの神殿の財宝がローマにもたらされたことを知らしめる（第2章第2節参照）。その一方で、ユダヤ人には過酷な運命が待ち受けていた。彼らの信仰の拠り所であった神殿は破壊され、エルサレム包囲戦を生き延びたユダヤ人は奴隷となった。自身も反乱に加わり戦争の初期にローマ軍の捕虜となったヨセフスによれば、殺戮に飽いたローマ兵たちは、金目当てに多くの捕虜を妻子とともに奴隷として売りに出したが、その数に比べ買い手は少なく、安い値しかつかなかったという（フラウィウス・ヨセフス『ユダヤ戦記』VI, 384）。

アステルには幸いというべきか買い手が見つかり、最終的にクラウディウス帝かネロ帝の解放奴隷プロクルスの所有するところとなり、やがて解放された。プロクルスがアステルのために墓碑を立てていることから、彼はアステルと結婚するために解放したと考えられる。だが、皇帝の解放奴隷の妻としての生活は長くなかった。25歳の短い生涯を終えた彼女を悼み、元主人にして夫のプロクルスは墓碑を立て、彼女の生きた証が壊されないようにと願ったのである。

アステルの生涯は、ローマ帝国に反乱を起こし徹底的に鎮圧されることとなるユダヤ人として生まれ、奴隷となり、そして解放され皇帝の解放奴隷の妻となるという、めまぐるしい境遇の変化を伴うものであった。もし彼女とプロクルスの間に子供がいたならば、その子孫は奴隷を先祖にもつにもかかわらず、やがて帝国支配層に属することになったかもしれない。むろん、アステルの人生はローマ帝国の住人としては極めて例外的なものであった。しかし彼女の人生は、ローマ帝国に生きる人々がもった可能性を、ローマ世界の広がりを、よく伝えてくれるのである。

(髙橋亮介)

第2部
碑文カタログ

スキピオ家墓所の、ルキウス・スキピオ・バルバトゥスの石棺
(ヴァチカン博物館所蔵)

第2部 碑文カタログについて

　第2部では、第1部で紹介した碑文の中から特徴的なものをピックアップし、ジャンル別に紹介していく。それぞれ典拠となる碑文集の情報や写真、ラテン語テキストと邦訳、解説から構成されている。ここでは、典拠となる碑文集とラテン語テキストについて簡単に説明し、ラテン語碑文の各ジャンルについても紹介しておきたい。

　まず、典拠となる碑文集については以下の3点が中心となっている。

① *CIL* : *Corpus Inscriptionum Latinarum*, Berlin, 1863-.
② *ILS* : H. Dessau (ed.), *Inscrptiones Latinae Selectae*, 5 vols, Berlin, 1892-1916.
③ *AE* : *L'année épigraphique*, Paris, 1888-.

　①の *CIL*（『ラテン碑文集成』）は、19世紀半ばから出版の続くラテン語碑文研究の最重要史料である。第I巻では共和政期の碑文を扱い、それ以降は、首都ローマの碑文を収録した第VI巻のように、ほぼ地域別になっている。

　②の *ILS*（『ラテン碑文選集』）は、H. Dessauによって編纂された5巻本の碑文集である。特に重要なラテン語碑文が採録されており、利用価値が高い。

　③の *AE*（『碑文学年報』）は毎年刊行されており、対象となる年に発表された新しい碑文や碑文に関する研究を網羅している。

　以上の3点が主な典拠となっているが、その他に、地域やテーマごとに様々な碑文集も刊行されている。*CIL*や*ILS*は網羅的ではあるものの、情報が古い上に限られており、*AE*やその他の碑文集を使ってできるだけフォローする必要がある。本書で利用したそ

の他の碑文集や研究文献については、巻末の「主要参考文献」を参照してほしい。なお、本文中で使用した上記3点以外の碑文集の略記は以下のとおり。

CLE = Carmina Latina Epigraphica
IAM = Inscriptions antiques du Maroc
ILA = Inscriptions latines d'Aquitaine
ILAlg = Inscriptions latines de l'Algérie
ILT = Inscriptions latines de la Tunisie
IPO = Inscriptions du port d'Ostie
RICIS = Recueil des inscriptions concernant les cultes isiaques

次に、碑文のラテン語テキストについて。ここでの表記は概ねラテン語碑文学での慣例に従っている。ラテン語で刻まれた碑文は、限られたスペースに多くの情報を盛り込むため、様々な略号が用いられた。また、長い年月を経ているため完全な形で残っている場合は少ない。このように省略された部分や欠けて無くなった部分を補うために、次のような記号が用いられている。

(---)　碑文で省略された部分の補い。個人名のM(arcus)や職名のco(n)s(ul)など。
[---]　もとの碑文では欠けて失われた部分。
[[---]]　もとの碑文では、「記憶の断罪」などの理由で削り取られていた部分。
|--- |　もとの碑文には刻まれているが、本来は不要な部分。
< --- >　もとの碑文には刻まれていないが、本来あるべき部分。

また、もとの碑文での行の区切りはスラッシュ（／）で表わされている。なお、訳文中の丸括弧による補いは筆者による。

第2部　碑文カタログ

　古代の文字の刻み方は現代のそれとは異なる部分もある。例えば、写真を見れば分かるように、古代の碑文には現代のような大文字と小文字の区別はなかった。カタログでは、読みやすさを考慮して、原則として固有名詞や文頭の文字は大文字とし、他は小文字で表記している。現代との違いという点では、古代にはUとVの区別がなく、碑文にはVと刻まれていた点にも注意してほしい。同じようにJもなく、現代人の感覚でJとすべきところはIと刻まれている。また、ある時期まではGもなかったため、Cと刻まれることも多かった。

　最後に、ラテン語碑文のジャンルを説明しつつ、このカタログの構成を紹介しておこう。
　まずは、神々に対して捧げられた奉納碑文3点がくる。八百万の神々に囲まれて暮らしてきた日本人からすると比較的親しみやすいと思うが、古代地中海世界は「神々にあふれる世界」だった。人々は神々に様々なことを祈願し、その願いが達成されたことを感謝して、神々に捧げた碑文を残したのである。
　次に皇帝や有力政治家などを讃えた顕彰碑文6点がくる。首都ローマをはじめ、帝国各地の都市には皇帝や地元の名望家を讃えた彫像が設置されていた。その彫像の台座には、誰が誰に対して何のために彫像を捧げたのかを示す碑文が刻まれた。凱旋門も広い意味では台座であり、その碑文も顕彰碑文とされている。
　さまざまな公共建築物にも、その建設や修復を伝える碑文が刻まれていた。このカタログでは建築碑文も5点紹介している。現在でも目にしやすいことを重視し、首都ローマのものが多くなったが、むろん他の都市にも建築碑文はたくさんあった。
　ラテン語で刻まれた碑文の中で最も多いのは、死者を記念した墓碑である。このカタログでは6点採り上げた。その多くは死者を悼んで生者が立てたものだが、死者が生前に作らせておいたも

のも少なくない。死者をかたどったレリーフと合わせ、死者がどういう人物だったか考えてみるのも面白いだろう。

　元老院決議や皇帝の採決を記録した法・決議碑文も5点採り上げた。他のジャンルの碑文と比べると長文で情報量も多く、歴史的に重要な記録となっている。

　最後に、グラフィティなど、その他の碑文も3点紹介した。グラフィティからは人々の日々の暮らしを垣間見ることもでき、現代人との共通点も見つけやすいかもしれない。

　このように、ラテン語で刻まれた碑文——必ずしも石に刻まれたものばかりではないので、金石文という方がより正確だが——は多様であり、本書で採り上げた例もすべてを網羅するには程遠い。より深く知りたい読者には、巻末に挙げた参考図書にも目を通していただければ幸いである。（大清水）

第2部 碑文カタログ

1. 奉納碑文

①ルキウス・ムンミウスの「勝利のヘラクレス神殿」奉献碑文（第1章第3節より）

CIL I² 626 = VI 331 = *ILS* 20

L(ucius) Mummi(us) L(uci) f(ilius) co(n)s(ul). Duct(u) / auspicio imperioque / eius Achaia capt(a), Corinto / deleto Romam redieit / triumphans. Ob hasce / res bene gestas, quod / in bello voverat, / hanc aedem et signu(m) / Herculis Victoris / imperator dedicat.

1. 奉納碑文

ルキウスの息子ルキウス・ムンミウス、執政官。この人の指揮権と、鳥占いと、命令権(インペリウム)の下に、アカイアが占領され、コリントスが破壊された後、彼はローマ市へと凱旋して帰国した。これらの事々が首尾良く遂行されたがために、戦争中に誓願していたので、彼はこの勝利のヘラクレス神の神殿と神像を、最高司令官(インペラトル)として捧げる。

・・

1786年にローマ市のチェリオ(カエリウス)の丘で発見。ヴァチカン博物館所蔵。前146年にコリントスを破壊し、ギリシア諸都市の反ローマ策動に終止符を打ったルキウス・ムンミウスが奉献した神殿に関する碑文である。前144年、あるいは前142年に製作。

「鳥占い(auspicium)」とは「鳥(avis)を観察する(specio)」という意味である。ローマの公職者が何らかの国家的行為を行うに先立ち、空を飛ぶ鳥の数、位置、鳴き方、鶏のえさのついばみ方、また雷や尋常でない出来事の発生などから、その行為をその時点で実行するのが神意に適っているのか確認する権能を指し、ローマ人はこれを大変重視した。戦地に向かう司令官も、出発に先立ってローマ市で「鳥占い」をしなければならず、その結果を踏まえて出征し、戦地で実際に「指揮権(ductus)」をふるうことができた。

そして、ローマの最高公職者(執政官や法務官)のみが有していたのが「命令権(imperium)」である。これは、もともとは法的に定義できる権限ではなく、「人格をトータルに高め」、その保有者を「命令を下しうる人間」に変化させる、宗教的・呪術的な起源を持つ概念であった(吉村忠典『古代ローマ帝国の研究』参照)。しかし、本碑文の時期には「命令権」は、最高公職者やその経験者たちに、「管轄領域(provincia)」の地理的制限付きで付与されるのが通例となっていた。さらに、ある一人に付与される「命令権」の及ぶ地理的範囲が徐々に確定され始め、その固定された管轄地域は「属州(provincia)」として把握されるものとなっていく。本碑文の時代、ついに「ローマ人の命令権(imperium Romanum)」の及ぶ範囲は地中海全域に広がり、域内の人々が無条件にその命令に従う「ローマ帝国(Imperium Romanum)」が出現しようとしていた。(志内)

第2部 碑文カタログ

②太陽神の祭壇奉納碑文 （第6章第3節より）

祭壇正面

SOLI SANCTISSIMO SACRVM
TI·CLAVDIVS·FELIX· ET
CLAVDIA·HELPIS· ET
TI·CLAVDIVS·ALYPVS·FILEORVM
VOTVM SOLVERVNT LIBENS MERITO
CALBIENSES·DE·COH· III

左面　　　　　　　　裏面　　　　　　　　右面

208

1. 奉納碑文

CIL VI 710 = *ILS* 4337

Soli sanctissimo sacrum. / Ti(berius) Claudius Felix et / Claudia Helpis et / Ti(berius) Claudius Alypus fil(ius) eorum / votum solverunt libens merito, / Calbienses de coh(orte) III.

いとも聖なる「太陽」への奉納物。ティベリウス・クラウディウス・フェリクスとクラウディア・ヘルピス、および彼らの息子クラウディウス・アリュプス、「ガルバの倉庫」の第三区画の住民たちが、自らの意志により適切に誓願を果たした。

....

　ローマ市のトラステヴェレ地区で発見され、現在、カピトリーニ美術館所蔵。ラテン語碑文が刻まれた祭壇正面には、鷲に乗った若い男性の胸像が彫り込まれ、その頭は後光に包まれ、7本の光線が伸びている。正面から向かって左側のパルミラ語碑文が書かれた面には、伝説上の怪獣グリフォンが引く戦車に乗った男神が描かれ、後ろから勝利の女神ウィクトリアが冠を掲げている。グリフォンは太陽を運ぶ車を引くとされるので、この男神も太陽神を表す図像である。(なお、第6章で引用したパルミラ語碑文の訳文は、Teixidor, *The Pantheon of Palmyra* (1979)の英訳を参照した重訳である。)

　裏面に描かれているのは、リボンのついた糸杉の中から現れる子羊を背負った子供であり、パルミラの神話におけるマラクベルの誕生の場面だと解されている。右面には、フードを被り、鎌をもった「時間」の神サトゥルヌスが描かれている。サトゥルヌスは、太陽神の夜の姿であるとも、冬至を迎える12月を表しているとも解釈されている。こうして四面の図像は、太陽神の一日の姿を表しているとも、四季を描いているともされる一方で、同一の神を表してはいないという意見もあり、研究者の見解は一致を見ない。

　碑文の年代については、ティベリウス帝かネロ帝の解放奴隷とされる奉納者の名前から、1世紀後半から2世紀初頭が想定できるが、「ガルバの倉庫」は、この貯蔵庫の所有者であったセルギウス・スルピキウス・ガルバが皇帝となる68年以前は「スルピキウス家の倉庫」と呼ばれていたため、68年以降とさらに年代を絞り込むことができる。(髙橋)

第2部 碑文カタログ

③リヨンの皇帝礼拝祭司の奉納碑文 (第6章第2節より)

```
[ ]DEO APOLLINI
COB[ ]EDVNTAVO
M·POMPEIVS·G·POMP
SANCTI·SACERDO[ ]
ARENSIS·F·IIVIR·[ ]
SACERDOS ARENSI
[ ]S·V·I·TEMPLVM·DE[ ]
TVELA ET THERM[ ]
ERICV TRA·O[ ]
[ ]S·EX·COLLA[ ]
[ ]CVNIA RES[ ]
```

1. 奉納碑文

ILA Pétrucores 16 = *CIL* XIII 939 = *ILS* 4638

[…] / et Deo Apollini / Cobledulitavo. / M(arcus) Pompeius, C(aii) Pomp(eii) / Sancti sacerdot(is) / arensis fil(ius), Quir(ina) Lib[o] / sacerdos arensis, / qui templum Dea[e] / Tutelae et therma[s] / public(as) utraq(ue) ol[im] / vetustate collab[sa] / sua pecunia res[t(ituit)], / v(otum) [s(oluit) l(ibens)] m(erito).

[…]とアポロ・コブレデュリタウス神に。マルクス・ポンペイウス・リボ、祭壇の祭司たるガイウス・ポンペイウス・サンクトゥスの息子、クィリナ区民、祭壇の祭司で、いずれもかつて老朽化により崩れ落ちていた女神トゥテラの神殿と公共浴場を自らの費用で再建した者が、自らの意志により適切に誓願を果たした。

　1820年にペリグーで転用されているのが確認され、現在ペリグー博物館所蔵（inv. M.474）。誓願成就に対する返礼として立てられた奉納碑文の典型ともいうべき形式で書かれている。すなわち、奉納の対象となる神が与格（「～に」）で、奉納者が主格（「～が／は」）で書かれ、そして、"votum（誓願を）soluit（果たした）libens（自らの意志により）merito（適切に）"と奉納行為を記す慣用句によって結ばれる。最後の文言は、VSLMと四つの単語の最初の文字のみで省略されて書かれることが多かった。これは、一般的に奉納碑文が神々に犠牲を捧げた祭壇そのものに刻まれ、祭壇は神域に置かれたため、奉納行為を明確に記す必要がなかったからである。ただし、この碑文の場合、祭壇最上部の最も目立つ場所に書かれた第一の奉納先の神の名は損なわれており、最終行のVSLMの文字もほとんど失われてしまっている。5行目以降の右端の1文字または2文字を欠損しているが、確実に復元ができる。碑文の年代は2世紀末から3世紀前半にかけてとされているが、1世紀ほど古い年代を想定する研究者もいる。（髙橋）

第2部 碑文カタログ

2. 顕彰碑文

①アッピウス・クラウディウス・カエクスの事績を伝える碑文（第1章第2節より）

CIL XI 1827 = *ILS* 54

Appius Claudius / C(ai) f(ilius) Caecus, / censor, co(n)s(ul) bis, dict(ator), interrex III, / pr(aetor) II, aed(ilis) cur(ulis) II, q(uaestor), tr(ibunus) mil(itum) III. Com/plura oppida de Samnitibus cepit; / Sabinorum et Tuscorum exerci/tum fudit; Pacem fieri cum {T}<P>yrrho /

2. 顕彰碑文

rege prohibuit. In Censura Viam / Appiam stravit et aquam in / urbem adduxit; Aedem Bellonae / fecit.

ガイウスの息子アッピウス・クラウディウス・カエクス、監察官、執政官2度、独裁官、中間王3度、法務官2度、貴族の按察官2度、財務官、軍団大隊長3度。多数の町々を、サムニウム人から奪った。サビニ人とエトルリア人の軍隊を蹂躙した。ピュッロス王との和平成立を拒絶した。監察官のとき、アッピア街道を舗装し、都に水を引いた。ベロナ女神の神殿を建てた。

....

　フィレンツェ考古学博物館所蔵。16世紀にアレッツォ（古代のアッレティウム）で発見。前312年に監察官（censor）、前307年と前296年の2回執政官（consul）に就任するなどした、アッピウス・クラウディウス・カエクスの経歴と事績を紹介する碑文である。前2年に初代皇帝アウグストゥスがローマ市の「アウグストゥス帝のフォロ」の列柱廊に設置させた碑文をもとにして、アレッツォで作成されたコピーと考えられる。ローマ市のオリジナル碑文の方は、断片のみ発見されている（*CIL* VI 8, 3, 40943）。

　長方形をした「アウグストゥス帝のフォロ」の両サイドにあった列柱廊には、アエネアス、アスカニウスに始まるアルバ・ロンガ市の歴代の王、アウグストゥスへと列なるユリウス氏族の先祖たち、ロムルス以下ローマ歴代の王、そしてアッピウス・クラウディウス・カエクスを含む数十人の偉人たちなど、100人以上に上るローマ史上の重要人物たちの彫像がずらりと並べられ、その名前と経歴、事績などが碑文として添えられていた。本碑文はそのうちの1枚（のコピー）である。アウグストゥス帝はこの「ギャラリー」を作らせた理由について、「自分、そして将来の元首たちが、手本としてこれら人士たちの生涯に倣うよう、市民から要求されるため」と語っている（スエトニウス『ローマ皇帝伝』「アウグストゥス伝」31）。しかし、同時期に「凱旋将軍暦」と「執政官暦」（第1章第1節・第2節参照）も製作されていることを考え合わせると、それは、神に列なるユリウス家支配の正統性を視覚化するのと同時に、ローマの「正しい歴史」を市民の前に提示することで、ローマ人として共有すべき「記憶」を創造しようとする、アウグストゥス帝の壮大な事業の一部でもあったと考えることができる。（志内）

第2部 碑文カタログ

②ドゥイリウスの「コルムナ・ロストラタ」碑文
(第1章第3節より)

CIL I² 25 = VI 1300 = *ILS* 65 = Gordon no.48

(4行半略) Enque eodem mag[istratud bene] / [r]em navebos marid consol primos g[eset copiasque] / [c]lasesque navales primos ornavet pa[ravetque], / cumque eis navebos claseis Poenicas omn[is, item ma/x]umas copias Cartaginiensis praesente[d Hanibaled] / dictatored ol[or]om in altod marid pugn[ad vicet], / [v]ique nave[is cepe]t cum socieis septer[esmom I, quin]/[queresm]osque triresmosque naveis X[XX, merset XIII]. / [Auro]m captom numei ⊕⊕⊕ DCC. / [Argen]tom captom praeda numei ⊕ [. . . .] / [Omne] captom aes ⊕ (後略;以下、「十万」を表す記号が続く)

2. 顕彰碑文

(前略) また同じ年、執政官として初めて、船を用い、海での戦いを首尾良く展開した。また(執政官として)初めて、艦船の乗組員を訓練し軍艦を艤装し、これらの船とともに、かの者どもの指揮官であるハンニバル(有名なハンニバルとは別人)の面前で、全てのカルタゴ人艦船と大量のカルタゴ人将兵を、沖合で戦って打ち破った。そして軍の力で、その乗組員ともども七段櫂船を1隻、五段櫂船と三段櫂船を30隻捕獲し、13隻を沈めた。獲得した金貨は3,700枚、銀貨は(?)十万枚。銅貨換算すると280万(+α)アス... (後略)

....

　ローマ、カピトリーニ美術館所蔵。1565年にローマで発見。前260年の執政官ガイウス・ドゥイリウスの事績を顕彰する碑文であるが、石の材質と字体が前3世紀のものではないため、前3世紀のオリジナルをもとに1世紀中頃に複製されたものと考えられている。1世紀の弁論術教師クィンティリアヌス(『弁論家の教育』I,7,12)が本碑文について言及しており、「古い時代のラテン語で非常に多くの語の末尾にdが付加されていることは、ドゥイリウスがフォロ・ロマーノに設置した、敵艦船の舳先で側面を飾った円柱(コルムナ・ロストラタ)からも明らかだ」と述べ、この碑文がもともと「コルムナ・ロストラタ」に嵌め込まれていたこと、そして奪格形に –d と付加されるなど、本碑文に使用される綴りの古風さが、1世紀のローマ人の目にも奇異に映っていたことを証言している。

　ⓒⒹ は、古い時代に千を表すため用いられたローマ数字記号であったが(それを半分に切ったⒹが500)、後に形態上も似ている、ラテン語で千を表すmille の頭文字Mで代用される。またGは前3世紀中頃に登場する新しい字母であり、本碑文上では実際には全てCと書かれている。これはちょうど日本語で、「か」と「が」がともに古文の中で「か」と書かれてあるのと似ている。

(志内)

第2部 碑文カタログ

③トラヤヌス帝の記念柱（第2章第3節より）

CIL VI 960 = *ILS* 294 = Gordon no. 57

Senatus Populusque Romanus / Imp(eratori) Caesari divi Nervae f(ilio) Nervae / Traiano Aug(usto) Germ(anico) Dacico, pontif(ici) / maximo, trib(unicia) pot(estate) XVII, imp(eratori) VI, co(n)s(uli) VI, p(atri) p(atriae), / ad declarandum, quantae altitudinis / mons et locus tant[is oper]ibus sit egestus.

2. 顕彰碑文

ローマの元老院と民衆が、神君ネルウァの息子インペラトル・カエサル・ネルウァ・トラヤヌス・アウグストゥス、ゲルマニアの征服者、ダキアの征服者、大神祇官、護民官職権17度、最高司令官歓呼6度、執政官6度、国父に対して、このような作業によりどれほどの高さの丘が取り払われたのかを示すために（捧げた）。

....

　ローマの皇帝たちのフォロの中でも最大のものが、幅185m、奥行き310mのトラヤヌス帝のフォロであった。両側に柱廊のある広場の奥に、バシリカ・ウルピア、そして二つの図書館があり、図書館の間に巨大なトラヤヌス帝の記念柱が置かれた。記念柱は、大理石のブロック20個からなり、円柱だけで29.78m、台座も含めると39.83mに達する。フォロのその他の部分の完成は112年1月であったが、記念柱の完成は113年5月である。

　記念柱は、トラヤヌス帝の2度にわたるダキア戦争での勝利を記念したものであり、およそ200mの長さになる円柱の螺旋状のレリーフには、その様子が描かれている。そして内部の墓室への入口の上部には、勝利の女神により左右から支えられた碑文が掲げられている。しかし碑文には、ダキア戦争についての言及はない。ただ「このような作業によりどれほどの高さの丘が取り払われたのかを示すために」記念柱が建立されたことを記すのみである。

　記念柱の台座部分が教会あるいは教会の鐘楼に転用された際に、碑文の最後の行の一部が完全に破壊されたが、tantis operibusと補われた。この部分の解釈については議論がある。トラヤヌス帝のフォロは、カンピドリオの丘とクイリナーレの丘の間の狭い場所を、クイリナーレの丘を削って拡げられた場所に造られた。tantis operibusを奪格ととり、クイリナーレの丘を削る作業を指すと考えれば、上記の訳のようになる。あるいは、これを与格ととって「このような作業のために」と訳し、記念柱の建設を指すと考えれば、「このような作業（＝記念柱の建設）のためにどれほどの高さの丘が取り払われたのかを示すために」という意味になる。解釈の違いはともかく、この記念柱が削られた丘の高さを示していたことに変わりはない。なお、内部の螺旋階段により、元の丘の高さまで登ることができるようになっていた。（中川）

④セプティミウス・セウェルス帝の凱旋門 (第2章第4節より)

CIL VI 1033 = *ILS* 425 = Gordon no. 73

Imp(eratori) Caes(ari) Lucio Septimio, M(arci) fil(io), Severo Pio Pertinaci Aug(usto), patri patriae, Parthico, Arabico et / Parthico Adiabenico, pontific(i) maximo, tribunic(ia) potest(ate) XI, imp(eratori) XI, co(n)s(uli) III, proco(n)s(uli) et / Imp(eratori) Caes(ari) M(arco) Aurelio L(uci) fil(io) Antonino Aug(usto) Pio Felici tribunic(ia) potest(ate) VI co(n)s(uli) proco(n)s(uli) p(atri) p(atriae), / optimis fortissimisque principibus / ob rem publicam restitutam imperiumque populi Romani propagatum / insignibus virtutibus eorum domi forisque S(enatus) P(opulus)q(ue) R(omanus).

2. 顕彰碑文

マルクスの息子インペラトル・カエサル・ルキウス・セプティミウス・セウェルス・ピウス・ペルティナクス・アウグストゥス、国父、パルティアの征服者、アラビアの征服者とアディアベネの征服者、大神祇官、護民官職権11度、最高司令官歓呼11度、執政官3度、プロコンスルに対して、そしてルキウスの息子インペラトル・カエサル・マルクス・アウレリウス・アントニヌス・アウグストゥス・ピウス・フェリクス、護民官職権6度、執政官、プロコンスル、<u>国父へ、（つまり）最善で最強の元首たちへ</u>、国の内外でのその著しい美徳によって、国家を再建し、ローマの民衆の支配領域を広げたために、ローマの元老院と民衆が（捧げた）。

....

　フォロ・ロマーノの中、カンピドリオの丘の麓に立つセプティミウス・セウェルス帝の凱旋門に掲げられた碑文である。この凱旋門は、高さ20.88m、幅23.27m、奥行き11.20mある。203年、パルティアでの戦勝を記念し、ローマの元老院と民衆により、セプティミウス・セウェルス帝と二人の息子カラカラとゲタに捧げられた。しかし212年のカラカラ帝によるゲタ帝暗殺後、「記憶の断罪」が決議されると、ゲタ帝の称号が上記下線部分のように刻み直され、セプティミウス・セウェルス帝とカラカラ帝の二人に捧げられたかのように変えられた（元のテキストは第2章第4節参照）。

　204年に発行された貨幣によると、かつては門の上に、皇帝たちが乗った青銅製の4頭立て戦車が置かれていた。表面に貼られた大理石には豊かな装飾が施されている。両側の二つの小さなアーチの上のパネルには、2回のパルティア遠征の重要な場面が表されている。

　碑文では、「ローマの民衆の支配領域を広げたために」という部分が、対外戦争での勝利、すなわち198年のパルティアに対する勝利と199年のメソポタミアの併合を示している。しかし、碑文によって称えられているのはパルティアに対する勝利のみではない。その前に記されている「国家を再建したために」という部分は、セウェルス帝がコンモドゥス帝死後の内乱でライバルを倒して勝利したことを示しているのである。（中川）

第2部 碑文カタログ

⑤ガリア討伐軍がクラウディウス・ゴティクス帝に捧げた碑文（第3章第1節より）

CIL XII 2228 = *ILS* 569

Imp(eratori) Caesar[i] / M(arco) Aur(elio) Claudio, / pio, felici, invicto / Aug(usto), Germanico / max(imo), p(ontifici) m(aximo), trib(uniciae) potes/tatis II, co(n)s(uli),

2. 顕彰碑文

patri pa/triae, proc(onsuli), vexil/lationes adque / equites itemque / praepositi et duce/nar(ii) protect(ores), ten/dentes in Narb(onensi) / prov(incia), sub cura Iul(i) / Placidiani, v(iri) p(erfectissimi), prae/fect(i) vigil(um), devoti / numini maiesta/tiq(ue) eius.

インペラトル・カエサル・マルクス・アウレリウス・クラウディウス、敬虔で幸運、不敗のアウグストゥス、ゲルマニアの征服者、大神祇官、護民官職権2度、執政官、国父、プロコンスルに対して、属州ナルボネンシス駐屯の分遣隊と騎兵隊、およびその指揮官と20万セステルティウス級のプロテクトルたちが、ペルフェクティッシムス級の夜警長官にして皇帝の神性と卓越性に捧げられし者たるユリウス・プラキディアヌスの配慮の下で（このモニュメントを捧げた）。

....

　クラウディウス2世（在位：268-270年）に対して、「ガリア帝国」討伐のために組織され属州ナルボネンシスに駐屯していた軍が捧げた顕彰碑文。
　1879年に、フランス南東部、グルノーブル市にあった近代の砦の城壁から発見された。石灰石製の石板で、大きさは高さ98cm、幅62cm、奥行23cmだが、右側の上下の一部が欠けている。17行にわたって文字が刻まれており、その大きさは2.5-4cmほどである。現在はグルノーブルのドフィネ博物館（Musée dauphinois）の所蔵となっている（inv. 34.5692）。
　皇帝の称号から、この碑文が刻まれたのは269年1月1日から同年夏までの間だったと考えられている。夜警長官ユリウス・プラキディアヌスの名が見られるものの、この軍にローマ市の夜警部隊が組み込まれていたかどうかは分かっていない。別の碑文（*CIL* XII 1551）から、プラキディアヌスはこの後間もなく近衛長官に昇進したことが分かっている。（大清水）

第2部 碑文カタログ

⑥ コンスタンティヌス帝の凱旋門
（序論「ローマ市街の碑文を歩く」および第3章第2節より）

CIL VI 1139 = 31245 = *ILS* 694 = Gordon no. 82

Imp(eratori) Caes(ari) Fl(avio) Constantino maximo / p(io), f(elici), Augusto, S(enatus) P(opulus)q(ue) R(omanus), / quod instinctu divinitatis, mentis / magnitudine, cum exercitu suo / tam de tyranno quam de omni eius / factione uno tempore iustis / rempublicam ultus est armis, / arcum triumphis insignem dicavit.

インペラトル・カエサル・フラウィウス・コンスタンティヌス、偉大であり敬虔にして幸運なるアウグストゥスに対して、神的なるものの導きによって、卓越した精神により、自ら軍を率いて正しき武力で国家を暴君からも、そしてその党派のいずれからも一斉に解放したので、ローマの元老院と民衆が、凱旋行進で装飾した記念門を捧げた。

2. 顕彰碑文

　コロッセオとパラティーノの丘の間に立つコンスタンティヌス帝の凱旋門に刻まれた碑文である。この碑文に現れる「暴君」とは、ディオクレティアヌス帝の退位後、306年から312年までイタリアと北アフリカを支配した僭称帝マクセンティウスのことである。この凱旋門は、312年のミルウィウス橋の戦いでコンスタンティヌス帝がマクセンティウスを打ち破り、西方を統一したことを記念して建てられた。この勝利の後、元老院はコンスタンティヌス帝に対して「偉大なる(マクシムス)」という称号を与えている。当時、東方は依然として別の皇帝たちが治めており、この称号は、コンスタンティヌス帝が他の皇帝たちより上位にあることを示すものだった。この凱旋門に見られる「偉大なる(マクシムス)」という表現は、その用例としては最初期のものである。

　コンスタンティヌス帝の凱旋門は、ローマ市に残る凱旋門としては最大のものであり、高さ21m、幅25.7m、奥行7.4mに及ぶ。ただし、その形状はセプティミウス・セウェルス帝の凱旋門がもとになっている。また、凱旋門を飾る装飾やレリーフの多くは、トラヤヌス帝やハドリアヌス帝、マルクス・アウレリウス帝の時代に作られたものを加工して再利用したものである。

　ここで紹介した碑文は、凱旋門の両面、中央部上方に刻まれている。本来は金属製の文字がはめ込まれていたが、現在では失われている。なお、その左右に刻まれた短い碑文から、この凱旋門が完成したのはコンスタンティヌス帝の即位10周年、つまり、315年のことだったと考えられている。（大清水）

第2部　碑文カタログ

3. 建築碑文

①オスティアの運河開通記念碑文 (第4章第1節より)

CIL XIV 85 = *ILS* 207 = *IPO* B 310

Ti(berius) Claudius Drusi f(ilius) Caesar / Aug(ustus) Germanicus, pontif(ex) max(imus), / trib(unicia) potest(ate) VI, co(n)s(ul) design(atus) IIII, imp(erator) XII, p(ater) p(atriae), / fossis ductis a Tiberi operis portu[s] / caussa emissisque in mare urbem / inundationis periculo liberavit.

ドルススの息子ティベリウス・クラウディウス・カエサル・アウグストゥス・ゲルマニクス、大神祇官、護民官職権6度、予定執政官4度、最高司令官歓呼12度、国父が、港の築造のためにティベリス川から運河を引き海へ流すことによって、首都を河川氾濫の危険から解放した。

3. 建築碑文

　大理石製の石板で、1836年11月にポルトゥスで発見された。現在はローマのヴィラ・トルローニアの敷地内にある。本来は青銅製の文字がはめ込まれていたが、その文字自体は現存していない。また、もともとは記念門に設置された碑文だったと想定されている。全体で6行にわたって碑文が刻まれている。

　皇帝の称号に見られる護民官職権は毎年更新されるため、本碑文は、クラウディウス帝の治世6年目、すなわち46年の碑文であることが分かる。また、クラウディウス帝が最高司令官として12度目の歓呼をなされたのは、おそらくこの年の暮れのことだった。この碑文が作成されたのは、46年の年末ということになる。

　クラウディウス港はすでに彼の治世から供用が開始されていたものの、大規模な事業だったため完成までは長い時間がかかった。ネロ帝治世の64年に発行された貨幣（第4章第1節参照）をもとに、クラウディウス港が完成したのはネロ帝の治世だったとする意見もある。それと比べた場合、この碑文が作成された46年という日付は相当に早い。クラウディウス帝にとっては、オスティアの港湾整備の重要性もさりながら、この碑文が明白に述べているように、運河の建設によって首都ローマを洪水の危険から解放することも極めて重要だったと考えられる。ただし、その効果のほどには疑問も呈されており、クラウディウス帝がこの碑文で主張している通りに、首都ローマが洪水の危険から完全に解放されたわけではなかっただろう。（大清水）

第2部　碑文カタログ

②マッジョーレ門の碑文 （第4章第3節より）

CIL VI 1256 = *ILS* 218 = Gordon no. 44

Ti(berius) Claudius Drusi f(ilius) Caisar Augustus Germanicus, pontif(ex) maxim(us), / tribunicia potestate XII, co(n)s(ul) V, imperator XXVII, pater patriae, / aquas Claudiam ex fontibus, qui vocabantur Caeruleus et Curtius a milliario XXXXV, / item Anienem novam a milliario LXII, sua impensa, in urbem perducendas curavit.

ドルススの息子ティベリウス・クラウディウス・カエサル・アウグストゥス・ゲルマニクス、大神祇官、護民官職権12度、執政官5度、最高司令官歓呼27度、国父が、第45里程標に位置するカエルレウスおよびクルティウスと呼ばれる湧水地からクラウディア水道を、そしてまた第62里程標（の地点）から新アニオ水道を、私財によって首都ローマへと引くよう配慮した。

3. 建築碑文

　ローマ市のテルミニ駅近く、マッジョーレ門に刻まれた三つの碑文のうちの一つで、最も上に刻まれているのがこの碑文である。マッジョーレ門は、この碑文に登場する二つの水道、クラウディア水道と新アニオ水道が、ローマ市から伸びるラビカーナ街道とプラエネスティーナ街道を越える部分に建設されたアーチである。碑文は水道の両面に刻まれており、同じ文面の碑文が二つ存在する。

　皇帝の称号のうち、「護民官職権12度」という部分から、この碑文が刻まれたのは52年だったことが分かる。ただし、フロンティヌスの『水道書』（13章）やスエトニウスの『ローマ皇帝伝』（「クラウディウス伝」20）の記述をもとに、これらの水道の建設工事はカリグラ帝の治世にすでに着工されていたと考えられている。

　この碑文で興味深いのは、新アニオ水道が62（LXII）マイル地点から引かれた、とされている部分である。第4章第3節でも指摘されている通り、新アニオ水道は水質に問題があったため、トラヤヌス帝の治世に水源が変更された。フロンティヌスの『水道書』（93章）によれば、トラヤヌス帝はそれを明記した碑文を残したという。この碑文に現れる62マイルという数字は、トラヤヌス帝の治世に水源地が変更された後のものであり、それ以前には59（LIX）マイルと刻まれていたものと考えられている。

　なお、この碑文の下には、第4章第3節で紹介されている通り、ウェスパシアヌス帝とティトゥス帝がそれぞれ修復を行ったことを示す碑文も刻まれている。（大清水）

第2部 碑文カタログ

③ アッピア街道の第一里程標 (第6章第1節より)

3. 建築碑文

CIL X 6812-6813 = *ILS* 5819

I. /
Imp(erator) Caesar / Vespasianus Aug(ustus) / pontif(ex) maxim(us), / trib(unicia) potestat(e) VII, / imp(erator) XVII, p(ater) p(atriae), censor, / co(n)s(ul) VII design(atus) VIII. / Imp(erator) Nerva Caesar / Augustus pontifex / maximus, tribunicia / potestate, co(n)s(ul) III, pat(er) / patriae refecit.

1（マイル）。
インペラトル・カエサル・ウェスパスィアヌス・アウグストゥス、大神祇官、護民官職権7度、最高司令官歓呼17度、国父、監察官、執政官7度、8度目に選出。
インペラトル・ネルウァ・カエサル・アウグストゥス、大神祇官、護民官職権、執政官3度、国父が再建した。

....

　ローマのアッピア街道沿いに立てられた里程標。円筒形の里程標は3段に分けられ、碑文が刻まれている。最上段にローマからの距離が、中段には、里程標を立てたウェスパシアヌス帝の名と当時帯びていた称号が刻まれている。彼の公職就任歴と称号から、76年に立てられたことが分かる。そして下段には、ネルウァ帝が再建した旨が書かれており、その年は97年と特定できる。

　里程標石のほとんどが、アッピア街道第一里程標と同じように円筒形をしており、帝政期のものは約6千点が帝国全土から見つかっている。後1-2世紀の里程標は概して大型で、平均で高さが2.5m、直径が40-50cmである。

　なお、現在アッピア街道沿いに置かれている里程標は複製品で、1584年に発見されたオリジナルはカンピドリオの丘にある。

（髙橋）

④パンテオンの碑文 (序論「ローマ市街の碑文を歩く」より)

CIL VI 896 = *ILS* 129 = Gordon no. 58

M(arcus) Agrippa L(uci) f(ilius) co(n)s(ul) tertium fecit.

ルキウスの息子マルクス・アグリッパ、執政官3度、が建てた。

....

　パンテオンはもともとアウグストゥス帝の腹心の部下マルクス・アグリッパによって、3度目の執政官の年、すなわち前27年に建設が始められ、前25年に完成した。80年の火災の後、ドミティアヌス帝によって修復されたが、その後の火災の後に、ハドリアヌス帝によって完全に建て直された。202年にセプティミウス・セウェルス帝とカラカラ帝により修復されているものの(この修復に関しては、上記の碑文の下に非常に小さな文字で刻まれている)、現存するのは基本的にはハドリアヌス帝が再建した建物である。『ローマ皇帝群像』の「ハドリアヌスの生涯」(19, 9)によれば、「彼は至るところに

3. 建築碑文

無数の建築物を建てたが、養父トラヤヌスの神殿を除けば、いかなる建築物にも自分の名を記させなかった。首都ローマでは、パンテオン、マルスの野の投票所、ネプトゥヌスのバシリカ、数多くの聖なる社、アウグストゥスの広場、アグリッパの浴場を復興し、それらをすべて最初の建築者の名でもって奉献した。」

　古代ローマ人は、名声が後世に伝えられ永遠のものとなることを強く望み、文字を刻んだ石碑を製作したが公共建築物に名前を刻むことは、特に大きな名誉であった。公共建築物およびそこに刻まれた碑文が、その建造物が置かれた公的な空間を支配する権力、あるいは建設や修復の費用を負担できるだけの富を持つ個人や家の力を明示するものであり、プロパガンダの手段として極めて有効であったからだ。特に首都ローマでは、1世紀半ば以降、皇帝家の人々が公共建築に名前を刻む名誉を独占するようになった。

　パンテオンは、ハドリアヌス帝の即位の翌年、118年に建設が開始された。このことは、アウグストゥス帝の治世に創建され、帝の彫像も置かれていたパンテオンの再建を、その善政の継承者としてハドリアヌス帝が非常に重視していたことを示す。通常であれば、ハドリアヌス帝の名前が刻まれるはずである。しかし『ローマ皇帝群像』の記述にもあるように、アグリッパが建設したことを記した元の碑文がコピーされたようだ。そのため、長い間、パンテオンはアグリッパが建設したものと誤解されてきた。118年から125年の間の日付がある煉瓦により、ハドリアヌス帝による再建が確認されたのは、19世紀末のことである。（中川）

第2部 碑文カタログ

⑤コロッセオの修復を伝える碑文 （第3章第3節より）

CIL VI 1763 = 32089 = 40454a = *ILS* 5633 = *AE* 1995, 111a

Salv[is dd(ominis)] nn(ostris) Theodosio et Placido V[alentiniano Augg(ustis)] / Rufi[us] Caecina Felix Lampadius v(ir) c(larissimus) [et inl(ustris) praef(ectus) urbi] / har[e]nam amphiteatri a novo una cum po[dio et portis] / p[ost]icis sed et reparatis spectaculi gradibus [restituit?]

平安なる我らが主、テオドシウス・アウグストゥスとプラキドゥス・ウァレンティニアヌス・アウグストゥスのために、クラリッシムスかつイッルストリス級の首都長官ルフィウス・カエキナ・フェリクス・ランパディウスが、円形闘技場のアリーナを、新たに（そこに面した）露台や裏手の門と同時に、観客席を修理した上で、修復した。

....

　コロッセオの修復を記録した碑文で、大理石製のアーキトレーブに刻まれている。1813年にコロッセオのアリーナ部分で発見された。二つの断片か

ら構成されており、メインの石塊の大きさは高さ118cm、幅200cm、奥行82cm、左側の小さい断片は、高さ76cm、幅55cm、奥行85cmとなっている。もともとはアリーナへの入口部分に設置されており、観客席から見えるようになっていたと考えられている。現在はコロッセオ内部で展示されている。

テオドシウス2世(在位：408-450年)とウァレンティニアヌス3世(在位：425-455年)の名が現れていることから、この碑文が刻まれたのは425年から450年までの間だったことが分かる。443年の地震で壊れた部分を修復した記録だったらしい。

この石の表面には数多くの小さな穴が開いている。この石にはもともと別の碑文が刻まれており、金具で金属製の文字が固定されていた。これらの穴はその金具をとめた跡で、その配置から、もともとは、ウェスパシアヌス帝(在位：69-79年)が円形闘技場の建設を命じたことを伝える碑文が存在していたと想定されている。その碑文は、ウェスパシアヌス帝の死後、その息子ティトゥス帝(在位：79-81年)の名前に変更された。そして5世紀になってから、現在見ることのできる形にさらに変更されることになったのである。(大清水)

第2部 碑文カタログ

4. 墓 碑

①「スキピオ家の墓所」のルキウス・コルネリウス・スキピオの墓碑（第1章第3節より）

CIL I² 8-9 = VI 1286-1287 = *ILS* 2-3

L(ucios) Cornelio(s) L(uci) f(ilius) Scipio / aidiles, cosol, cesor./

Honc oino(m) ploirume(i) consentiont R[omai] / duonoro(m) optumo(m) fuise viro(m), / Luciom Scipione(m) filio(m) Barbati. / Consol, censor, aidilis hic fuet a[pud vos], / hec cepit Corsica(m) Aleria(m)que urbe(m), / dedet Tempestatebus aide(m) mereto[d].

4. 墓碑

ルキウスの息子ルキウス・コルネリウス・スキピオ。按察官、執政官、監察官。

この人一人が、ローマにおいて良き人士のうちの最良の男であったと、ほとんどの人が同意している。(その人とは) バルバトゥスの息子ルキウス・スキピオ。この人はあなた方 (ローマ人) の許で執政官、監察官、按察官であった。この人はコルシカ島を、そしてアレリアの町を占領し、神の恩恵に報いるべく、天候の神々に神殿を捧げた。

....

　1614年に「スキピオ家の墓所」で発見。ヴァチカン博物館所蔵。「スキピオ家の墓所」には、前3世紀から前2世紀にかけて活躍したスキピオ一族30名以上が埋葬されており、うち10名については、その名前や経歴、事績などを記した碑文も発見されている。本碑文はそのうち、前259年の執政官で、前240年頃に死去したルキウス・コルネリウス・スキピオの遺体を納めた石棺（サルコパグス）に付された、墓碑銘と頌詞である。顔料を使って描かれている最初の2行の墓碑銘部分は、彼の死後すみやかに制作されたものと思われるが、「サトゥルヌス詩形」という、イタリア古来の韻律で書かれていると考えられている残りの頌詞部分は、死後30-40年後頃に刻まれて付加されたと推測される。cosol > consol > consul、oino(m) > unu(m)、ploirume(i) > plurim(i)、duonoro(m) > bonoru(m)など、古典ラテン語の正書法とはかなり異なる古風な綴りが見られる。

　本碑文のルキウス・コルネリウス・スキピオの孫にあたるのが、ハンニバルを破ったプブリウス・コルネリウス・スキピオ・アフリカヌス（大スキピオ）である。彼の後半生は政争に忙殺され、結局ローマ市を離れざるをえなくなってしまう。そして大スキピオは前184年、カンパニア地方のリテルヌム（カプア近郊、現パトリア湖付近）の別荘に引きこもり、翌年までにその地で客死したため、「スキピオ家の墓所」に葬られることはなかった。(志内)

第2部 碑文カタログ

②トイトブルクの森の戦いで死んだ兵士の墓碑
（第5章第1節より）

CIL XIII 8648 = *ILS* 2244 = *AE* 1952, 181 = *AE* 1953, 222 = *AE* 1955, 34

M(arco) Caelio T(iti) f(ilio) Lem(onia) (domo) Bon(onia), / [l] o(rdini) leg(ionis) XIIX ann(orum) LIII / [ce]cidit bello Variano, ossa / [i]nferre licebit. P(ublius) Caelius T(iti) f(ilius) / Lem(onia) frater fecit.

4. 墓碑

ティトゥスの息子にしてレモニア区民でありボノニア出身のマルクス・カエリウス、第18軍団の第一戦列（を率いる百人隊長）に（捧げる）。彼は53年でウァルスの戦いで露と消えた。その骨を持ち込むことが許されるだろう。ティトゥスの息子にして兄弟であるレモニア区民のプブリウス・カエリウスが建てた。

・・・

　ドイツ西部のクサンテンで17世紀に発見された。高さ1m27cmで石灰石製。現在はボンの州立ライン博物館所蔵（Inv. U 82）。被葬者となるはずだったマルクス・カエリウスは、碑文中で「ウァルスの戦い」と表現されている後9年のトイトブルクの森の戦いで死去しており、この墓碑は後9年か戦後間もない時期に作製されたものと考えられる。

　写真から分かるとおり、この墓石には見事なレリーフが残されている。中央に大きく表現されたマルクス・カエリウスは市民冠（corona civica）や首輪（torques）のほか、胸にはいくつもの円形浮彫の勲功章（phalerae）を、両手首には腕輪（armilla）も身につけている。このレリーフは、ローマ軍団兵、特に百人隊長の軍装を知る上で貴重な資料となっている。　マルクス・カエリウスの両脇にある像はいずれも彼の解放奴隷を表しており、左側には「マルクスの解放奴隷、マルクス・カエリウス・プリウァトゥス」、右側には「マルクスの解放奴隷、マルクス・カエリウス・ティアミヌス」とその名が刻まれている。

　この墓石は図像資料としても重要なものだが、「百人隊長」という部分については議論がある。この碑文2行目左端に刻まれた文字がCを反転させたものと見なされることが多いものの、文字の左側は欠損のため確実ではない。そのため近年では、これを上記テキストのようにOと読み、欠損部分に別の文字を補うよう提案されている。それに従えば、「第一戦列 [I] o(rdini)」あるいは「第三戦列 [t(riario)] o(rdini)」と読むべきであるという。いずれにせよ、軍団内では上位に位置する百人隊長であり、単に「百人隊長」とするよりも歴戦の勇士だったマルクス・カエリウスには相応しいのかもしれない。ここでは、上位の百人隊長だったためにこのような扱いを受けたものと理解し、「第一戦列」という読みに従っておく。（大清水）

第2部　碑文カタログ

③ ヘルモドルスの墓碑 （第6章第3節より）

RICIS 501/0160 = *CIL* VI 2246 = *ILS* 4404

C(aius) Rabirius Post(umi) l(ibertus) / Hermodorus
Rabiria / Demaris
Usia Prima sac(erdos) / Isidis

ガイウス・ラビリウス・ヘルモドルス、ポストゥムスの解放奴隷
ラビリア・デマリス
ウシア・プリマ、イシスの女神官

....

　アッピア街道沿いで発見され、現在、ローマ国立博物館（マッシモ宮）所蔵。三人の被葬者の胸像の下にそれぞれの名前が書かれている。向かって右側のウシア・プリマに添えられたsacを神官（sacerdos）ではなく信奉者（sacrorum）とする解釈もある。彼女の胸像の両端にはシストルム（振鈴）と杯が彫り込まれているが、これらはイシスの女神官に伴う持物（アトリビュート）であり、彫像や絵画にしばしば見られる。図像資料によれば、宗教行列を伴う儀礼においてシストルムが打ち鳴らされていたようだ。ウシマ・プリマはヘルモドルスの娘であり、父の祖国エジプトに由来する女神の神官を務めたのだろうか。だが、この一見自然な解釈を疑わせるのが、墓碑に見られる改変の痕跡である。

4. 墓 碑

デマリスとウシアの胸像と名前の間に縦線が見られるが、これは、ウシアの像と名を刻んだ箇所がヘルモドルスとデマリスのそれよりも1cmほど深く彫り下げられているからである。こうしてウシアの名は、本来書かれていた名前を消し去ったところに新たに刻まれ、シストルムも新たに彫り込まれたのである。また、ウシアの頭部は右の二人と比べて小さく、元来の頭像が作り替えられているようだ。さらに、髪型の様式に基づく年代推定によると、ポストゥムスの解放奴隷夫婦のそれが前40年代のものであるのに対して、ウシアのそれは後40年ごろのものだという。ウシアを二人の娘だとするには歳が離れすぎている。したがって、本来ヘルモドルスの娘のためであった場所にウシアが記念されている可能性が出てくるのである。だが、ウシアがヘルモドルスの娘ではないとしたら、はたして何者なのだろうか。ヘルモドルスと赤の他人とは考えがたいが、それを知るための手がかりは残念ながら残されていない。(髙橋)

第2部 碑文カタログ

④パルミラの三言語併用墓碑 （第6章第2節より）

AE 2002,1509

Haeranes Bonne Rabbeli / f(ilius) Palmiyrenus phyles Mithenon / sibi et suis fecit.

ハエラネス、ボンネの息子、ラベルスの息子、ミタ部族に属するパルミラ人、自らと自らの家族のために作った。

....

　およそ18cmの幅をもつ縁に囲われた、高さ85cm、幅121cmの長方形の平面に、ラテン語、ギリシア語、パルミラ語の順で刻まれた墓碑。訳出したのはラテン語で書かれた1-3行目である。52年の墓碑であるが、パルミラの都市の広場の南、ディオクレティアヌス帝時代に作られたとされる市壁の残骸より発見されており、市壁の資材として転用されていた。写真から分かるように、ラテン語の最後の行である3行目は、前後の行に比べて小さい文字で書かれている。続くギリシア語（4-8行目）も、徐々に文字が小さくなっていく。ここから、三つの言語に充てるスペースをあらかじめ定めてお

4. 墓碑

き、それを超えないように文字の大きさを調整しながら、墓碑銘を刻み込んでいったことがうかがわれる。

　この墓碑には、ラテン語として不自然に書かれている箇所がある。3行目の「自らと自らの家族のために作った（sibi et suis fecit）」はラテン語墓碑に見られる典型的な文言であるが、1-2行目Haeranes Bonne Rabbeli / f(ilius) は、直訳すると「ハエラネス、ボンネ、ラベルスの、息子」であり、被葬者ハエラネスの父ボンネは属格になっておらず、息子（filius）の語の位置も適切ではない。また「部族」と訳した語はphylesであるが、これはラテン語tribusではなく、ギリシア語の部族φυλήの属格形φυλῆςの音訳である。（なお、第6章で引用したハイランに関するパルミラ語碑文の訳文は、酒井龍一「パルミラの有名人・ハイラン」『文化財学報』19（2001）などの現代語訳を参照した重訳である。）（髙橋）

第2部 碑文カタログ

⑤ 238年の「革命」での死者の墓碑 (第3章第1節より)

4. 墓碑

CIL VIII 2170 = *ILS* 8499 = *ILAlg* I 3598

D(is) M(anibus) s(acrum). / L(ucius) Aemilius Seve/rinus qui et Phil/lyrio v(ixit) a(nnis) LXVI / p(lus) m(inus) et pro amore / Romano quievit / ab hoc Capeliano captus / memor amicitiae pietatis / Victoricus qui et Verota.

死者の霊への捧げもの。ルキウス・アエミリウス・セウェリヌス、またの名をフィリュリオ、は、おおよそ66年生き、ローマへの愛ゆえに、かのカペリアヌスに捕えられて死去した。友情と敬愛を記念して、ウィクトリクス、またの名をウェロタ、が（作った）。

....

　マクシミヌス・トラクス帝治世末の238年に北アフリカで発生した反乱で殺された人物の墓碑。

　19世紀末にアルジェリア東部、テベッサの近郊で発見された。現在はルーブル美術館の所蔵（inv. MNC 1416）。高さ62cm、幅50cmで、文字の大きさは2.5-4cm程度である。この墓碑の刻まれた石は、北アフリカで数多く見られるかまぼこ型の墓石で、奥行は本来なら1m程度あったものと思われるが、欠損のため現在残っているのは44cmほどにすぎない。

　この反乱は、重税への反発から、現在のチュニジア中部、エル・ジェム（古代のテュスドゥルス）で勃発した。ゴルディアヌス親子を皇帝に擁立してマクシミヌス・トラクス帝の政権が崩壊するきっかけともなったが、反乱自体は3週間ほどで鎮圧された。鎮圧したのは、この碑文にも登場する属州ヌミディア総督カペリアヌスである。この反乱の顛末を伝える同時代人ヘロディアノスの歴史書によれば、反乱鎮圧後、カペリアヌスは反乱に加担した北アフリカの人々を弾圧したという。ルキウス・アエミリウス・セウェリヌスはその弾圧の際に死亡したものと考えられており、この碑文は、この反乱の状況を反映したものとして貴重な史料である。

　また、この碑文に見られる「ローマへの愛」という文言は、反マクシミヌス・トラクス運動の中核となった元老院議員グループと、それに共感を持つ地方都市の名望家層の心情を示すものとして注目されてきた。（大清水）

第2部 碑文カタログ

⑥マクタールの収穫夫の墓碑（第3章第1節より）

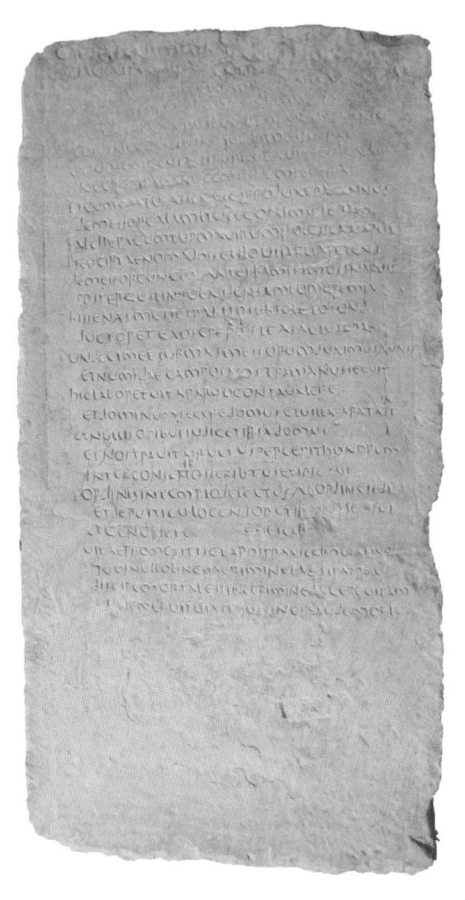

CIL VIII 11824 = *ILS* 7457 = *CLE* 1238 = *ILT* 528

(前略)paupere progenitus lare sum parvoq(ue) parente / (3行省略) / et cum maturas segetes produxerat annus, / demessor calami tunc ego primus eram. / (14行省略) / et de rusticulo censor et ipse fui. / et genui et vidi iuvenes carosq(ue) nepotes. / vitae

4. 墓碑

pro meritis claros transegimus annos, / quos nullo lingua crimine laedit atrox. / discite mortales sine crimine degere vitam. / sic meruit, vixit qui sine fraude, mori.

(前略)私は貧しい家に、取るに足らぬ親の下に生まれた。(中略)そして歳月が畑に実りをもたらすと、私は（麦の）株を真先に刈り取る人間になった。(中略)この私が、農民から監察官(ケンソル)へとなったのだ。子供たちと可愛い孫たちが生まれ、目にすることができた。正しい暮らしのおかげで、我々は素晴らしき歳月をおくった。その歳月を、いかにひどい言葉であれ、その非難でもって傷つけることはできない。死すべき者たちよ、非難されること無き人生を送ることを知りなさい。偽りなく生きた者は、かくのごとき死を迎えられるのだから。

　19世紀後半に現在のチュニジア、マクタールで発見された墓碑。石灰石製の石板に刻まれており、大きさは、高さ109cm、幅53cm、奥行22cmである。1885年以来ルーブル美術館の所蔵となっているが（inv. MNC 953)、パリへの輸送時に破損したとされ、現在は2断片からなる。割れ目の部分にあった文字の一部は、残念ながら現在では判読できない。また、墓碑の上部は摩耗が激しいため、この墓碑を作成させた死者の名前も分かっていない。そのため、一般には「マクタールの収穫夫」の墓碑として知られている。この墓碑の形式から、この墓碑が作成されたのは260-270年代のことだったと考えられているが、この石板の左右の側面には、後代のそれぞれ別の人物の墓碑も刻まれている。

　この墓碑は、貧しい農民が都市参事会員のトップにまで上り詰めた事例として、注目を集めてきた（碑文中の「監察官(ケンソル)」は、各都市で戸口調査を行った5年周期の二人委員のことを示している）。また、数少ない韻文の墓碑としても知られているほか、刻まれた文字の書体が特殊なことでも知られている。写真を見れば分かる通り、多くの古代の碑文で見られるキャピタル体ではなく、かなりくずれた草書体で刻まれている。生きている者たちに対する呼びかけが文末にあるものの、文字のサイズが1cmほどと小さいことと合わせ、実際にどれほど読まれたか考えてみるのも面白いかもしれない。（大清水）

5. 法・決議碑文

①「バッカナリアに関する元老院決議」碑文 (第1章第3節より)

CIL I² 581 = X 104 = *ILS* 18

[Q(uintus)] Marcius L(uci) f(ilius), S(purius) Postumius L(uci) f(ilius) co(n)s(ules), senatum consoluerunt N(onis) Octob(ribus) apud aedem / Duelonai. Sc(ribendo) arf(uerunt) M(arcus) Claudi(us) M(arci) f(ilius), L(ucius) Valeri(us) P(ubli) f(ilius), Q(uintus) Minuci(us) C(ai) f(ilius). De Bacanalibus, quei foideratei / esent, ita exdeicendum censuere: Neiquis eorum {S}<B>acanal habuise velet. (後略)

5. 法・決議碑文

ルキウスの息子クィントゥス・マルキウスと、ルキウスの息子スプリウス・ポストゥミウスの両執政官が、10月のノナエの日（7日）、ベロナ神殿にて、元老院に諮った。書記を務めたのが、マルクスの息子マルクス・クラウディウス、ププリウスの息子ルキウス・ウァレリウス、ガイウスの息子クィントゥス・ミヌキウスであった。元老院はバッカナリアに関し、ローマの同盟諸市に次のように布告されるべきであると判断した。誰もバッコス信仰の行われる場所を保持しようと意図してはならない。（後略）

1640年に南イタリアで発見。ウィーン美術史博物館蔵。約30㎝四方の青銅板に、30行にわたり細かい文字で刻まれている。訳出は冒頭3行のみ。「バッカナリア」（第1章第3節参照）に関する、前186年のローマ元老院決議文書である。ただし22行目以下に、「そなたらは、上記のことを公の集会にて宣布するように…また青銅板に刻むように」との指示が再びあることから、元老院決議文書と、それを添付してイタリア各地に回送し、宣布・公開を指示した執政官による書簡の文言を、合わせて全て碑文として刻んだものと考えられる。

訳出した元老院決議の冒頭部分は、同種文書の典型的な形式を示しており、また同時に、元老院の機能をも我々によく教えてくれている。前2世紀までは300人の公職経験者などから構成されていたローマの元老院は、大きな権威を有していたものの、決して定期的に開催される立法機関ではなかった。それは、執政官などの公職者が特定の目的のために、日時を指定して随意に招集し（「10月7日」）、自ら提案演説を行い（「元老院に諮った」）、自身の行動への賛同を「元老院決議」という文書として発給してもらおうとする（「書記を務めたのが」）、一種の諮問機関であった。そのため、決議文の中では、形式的には提案者への勧告として、元老院の意思が示されることになる（「されるべきと判断した」）。また元老院には長らく「元老院議事堂」といった専用施設は用意されておらず、議題も考慮されながら、本碑文にある「ベロナ（戦いの女神）神殿」（碑文カタログ2-①も参照）などの他、収容能力のある建物が適宜指定されて招集されていた。（志内）

第2部 碑文カタログ

②神君アウグストゥス業績録 (第2章第1節より)

Res Gestae Divi Augusti = *CIL* III, pp. 769ff. = Gordon no. 34

Rerum gestarum divi Augusti, quibus orbem terra[rum] imperio populi Rom(ani) / subiecit, et inpensarum, quas in rem publicam populumque R[oman]um fecit, incisarum / in duabus aheneis pilis, quae su[n]t Romae positae, exemplar sub[i]ectum.

以下は、ローマに置かれた2本の青銅の柱に刻まれた、世界をローマの民衆の命令権のもとに服従させた神君アウグストゥスの業績と、国家とローマの民衆のために行った支出との写しである。

....

　アウグストゥス帝は、自分の業績についての要約を霊廟の入り口に掲げるよう、遺言により指示した。帝の業績録が刻まれたオリジナルの青銅板は失

われてしまったが、属州ガラティアでコピーが発見された。トルコのアンカラ（古代のアンキュラ）の女神ローマとアウグストゥスの神殿には、プロナオスの左右の壁にラテン語のテキストが、南東側の外壁にギリシア語に訳されたテキストが刻まれている。アンカラは属州ガラティアの州都であり、この神殿はガラティアでの皇帝礼拝において中心的な役割を果たした。アンカラの碑文が知られるようになったのは、16世紀中頃である。他に同じ属州ガラティアの都市アポッロニアからギリシア語のテキストの断片、アンティオキアからはラテン語のテキストの断片が発見されている。これら3箇所のテキストから、「神君アウグストゥス業績録」はほぼ復元された。

　アンカラの女神ローマとアウグストゥスに捧げられた神殿は、皇帝の生前である前5年から後5年の間に奉献され、14年の皇帝の死後、おそらく19年に「業績録」のコピーが刻まれたと考えられている。神殿のプロナオスの左の壁には標題と1章から18章まで、右の壁には19章から35章と補遺が、それぞれ三つのコラムに分けて刻まれている。一般に「神君アウグストゥス業績録」と言われるが、実際の標題はここに引用したように長い。大きさ2cmの文字で三つのコラムに分けて刻まれた本文の上に、8cmから4cmの文字で3行にわたり標題が刻まれた。まず標題が目に入り、神殿で礼拝されている皇帝アウグストゥスが神格化された神divusであることが注意を引いたであろう。そして、その下に続く本文で、神格化が正当化される数々の業績が述べられているのである。

　アウグストゥス帝が神格化されたのは、14年8月19日の死のおよそ1ヶ月後、9月17日であった。したがって、すでに「神君アウグストゥス」と書かれているこの標題は、皇帝自身が書いたものではない。しかし「業績録」の「私が19歳の時に」という始まりの文はあまりに唐突である。そこで、ローマのオリジナルの青銅板では、「世界をローマの民衆の統治権のもとに服従させた神君アウグストゥスの業績と、国家とローマの民衆のために行った支出の要約」という標題が添えられていたと考えられている。（中川）

| 第2部 碑文カタログ

③ウェスパシアヌス帝の命令権に関する法

(第2章第2節より)

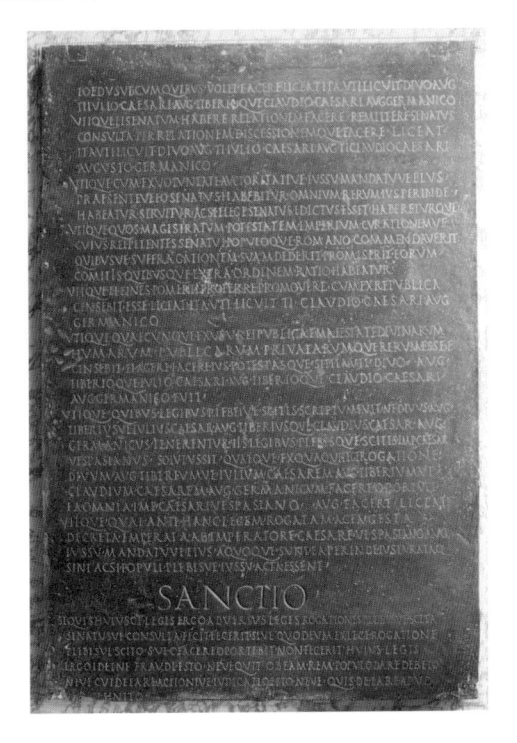

Lex de imperio Vespasiani = *CIL* VI 930 = *ILS* 244 = Gordon no. 46

(前略) Utique quaecunque ex usu rei publicae maiestate divinarum / huma<na>rum publicarum privatarumque rerum esse {e} / censebit ei agere facere ius potestasque sit ita uti divo Aug(usto) / Tiberioque Iulio Caesari Aug(usto) Tiberioque Claudio Caesari / Aug(usto) Germanico fuit;(中略) Utique quae ante hanc legem rogatam acta gesta / decreta, imperata ab imperatore Caesare Vespasiano Aug(usto),

5. 法・決議碑文

/ iussu mandatuve eius a quoque sunt, ea perinde iusta rataq(ue) / sint ac si populi plebisve iussu acta essent.（後略）

（前略）また、神君アウグストゥス、ティベリウス・ユリウス・カエサル・アウグストゥスおよびティベリウス・クラウディウス・カエサル・アウグストゥス・ゲルマニクスにあったのと同様に、国家にとって有益でありかつ聖俗公私の事柄の尊厳に相応しいと判断されるのであれば、それらのいずれをも実施する権能と職権が皇帝に認められるべきこと。（中略）

また、この法が提出される以前に、インペラトル・カエサル・ウェスパシアヌス・アウグストゥスによって、あるいは彼（＝ウェスパシアヌス）の命令と指示による者によって、行われ、決められたことは、民衆あるいは平民の命令により行われたことと同様に、正しく、有効であること。（後略）

....

　ローマのカピトリーニ美術館のファウノの部屋の壁に埋め込まれた、縦164cm、幅113cmの青銅板。現代に伝わる最も有名なラテン語碑文の一つである。教皇庁がアヴィニョンに移された「教皇のバビロン捕囚」中の1347年、ローマのサン・ジョヴァンニ・イン・ラテラーノ大聖堂で発見され、1576年からカンピドリオに置かれている。おそらく2枚あった銅板のうちの2番目であり、1番目は失われてしまった。

　元老院決議ではあるが、文章中では法(lex)と書かれている。この法により、ユリウス＝クラウディウス朝の皇帝たちに認められていた全ての権限が、全く別の家系出身であるウェスパシアヌス帝にも認められることが明らかにされた。「神君アウグストゥス」は、死後元老院決議により神格化された初代皇帝アウグストゥスを、「ティベリウス・ユリウス・カエサル・アウグストゥス」は2代目のティベリウス帝を、そして「ティベリウス・クラウディウス・カエサル・アウグストゥス・ゲルマニクス」は4代目クラウディウス帝を、それぞれ指す。3代目カリグラ帝と5代目のネロ帝は暴君とされ、死後、元老院によって「記憶の断罪」を決議されたため、このような公式文書では触れられていない。（中川）

④バナサ青銅板（第6章第2節より）

IAM II 94

Exemplum epistulae imperatorum nostrorum An[toni]/ni et Veri Augustorum ad Coiiedium Maximum: / li{i}bellum Iuliani Zegrensis litteris tuis iunctum legimus, et / quamquam ciuitas Romana non nisi maximis meritis pro/uocata in[dul]gentia principali gentilibus istis dari solita sit, / tamen cum eum adfirmes et de primoribus esse popularium / suorum, et nostris rebus prom(p)to obsequio fidissimum, nec

5. 法・決議碑文

/ multas familias arbitraremur aput Zegrenses paria pos/s[e] de officis suis praedicare quamquam plurimos cupiamus ho/nore a nobis in istam domum conlato ad aemulationem Iuli/ani excitari, non cunctamur et ipsi Ziddinae uxori, item / liberis Iuliano, Maximo, Maximino, Diogeniano, ciuitatem / Romanam, saluo iure gentis, dare.（後略）

我らがインペラトルたち、アントニウスおよびウェルス・アウグストゥスからコイエディウス・マクシムスへの書簡の写し：貴官の書簡に添えられたゼゲレンセスのユリアヌスの請願書を我々は読んだ。最大級の功績によってもたらされる元首の恩恵なくして、これらの部族の者にはローマ市民権は通常与えられない。しかし彼は自身の民の第一人者の出自であり、我々のなすことに進んで従い、いとも忠実であると貴官が証言しているので、また、ゼゲレンセス人たちの間の多くの家族が自身の精勤に関して、（彼に）匹敵すると主張しえないと我々は考えるものの、彼の家に我々が与えた名誉により、多くの者がユリアヌスとの競争に駆り立てられることを我々は望んでいるので、彼自身、妻ジディナ、および子供たちであるユリアヌス、マクシムス、マクシミヌス、ディオゲニアヌスに、部族の法を保持したままでローマ市民権を与えることを我々は躊躇わない。（後略）

....

　1957年にバナサの遺跡で発見された青銅板で、高さ64cm、横幅42.5cm、厚さが0.8-0.9cmである。浴場の付属施設で見つかったが、本来は隣接する広場の列柱廊に掲げられていたようである。訳出した箇所は、ゼゲレンセス部族の長ユリアヌスの願いに応えて、彼とその家族にローマ市民権を付与する旨を記した皇帝の書簡（160年代）で、青銅板の上から4分の1ほどのスペースに書かれている。この後に、同名の彼の息子による同様の請願への返書（176-7年）、そこで命じられた市民権付与者の登録の記録（177年）、そして、皇帝の顧問会のメンバーとして市民権付与証明書に署名した12人の元老院議員と騎士の名が刻まれている。この青銅板は、ユリアヌスの子孫の誰かの意向により掲げられたのであろう。（髙橋）

⑤ディオクレティアヌス帝の最高価格令 （第3章第2節より）

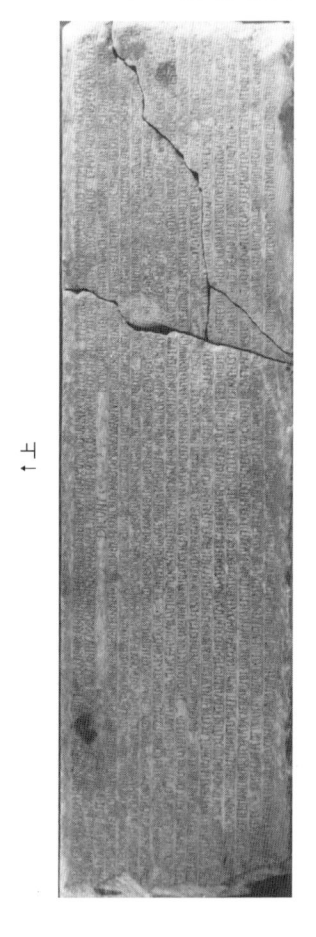

CIL III, pp. 801ff. = *ILS* 642 = Gordon no. 81 ほか

（前略）　sed quia una est cupido furoris indomiti nullum communis necessitudinis habere dilectum, et gliscentis avaritiae ac rapidis aestuantis ardoribus velut quaedam

5. 法・決議碑文

religio apud inprob<o>s et inmodest<o>s existimatur in lacerandis fortunis omnium necessitate potius quam voluntate destitui, adque ultra conivere non possunt, quos ad sensum miserrimae condicionis egestatis extrema traxerunt, convenit prospicientibus nobis, qui parentes sumus generis humani, arbitram rebus intervenire iustitiam.〈後略〉

〈前略〉しかし、御し難き狂気が唯一欲するのは、公共の必要性に対し区別立てしないことであり、貪欲が燃え盛り、その炎が強奪によって掻き立てられている状況下、貪欲で自制力を欠く者どもにあっては、自発的にではなく必要に迫られてのみ万人の財産を荒らすことを放棄する、ということが一種の信条の如く思われている有様なので、さらに、極貧状態により最も悲惨なる状況を認識するに至った人々にとってはこれ以上目をつぶっていることはできぬので、人類の父たる我等は将来を慮り、正義が調停者として事態に介入すべきであると決した。〈後略〉

....

　ディオクレティアヌス帝が301年に発布した最高価格令の序文の一部である。最高価格令の碑文は、130点ほどの断片が知られており、かなりの部分が復元されている（そのため、ここで紹介したテキストでは例外的に行の区切りや欠損部分の表記を省略した）。これらの碑文の多くは東方、特にエーゲ海に面した地方で発見されており、西方ではほとんど発見されていない。このような発布地の分布から、少なくともその施行には副帝ガレリウスが特に熱心だったと考えられている。序文についてはラテン語の碑文しか知られていないが、カタログ部分については、発見場所を反映してギリシア語の断片も見られる。

　ここで紹介した写真の断片は、エジプトで発見されたもので、1807年に南仏、エクサンプロヴァンスに移されたと伝えられている。現在は同地のグラネ美術館が所蔵している。左右の両端は欠損しているものの、最高価格令の序文を記す碑文としては、最も保存状態の良い碑文の一つである。17行にわたって最高価格令の序文が刻まれており、ここで紹介したのはその6-7行目にあたる。（大清水）

第2部 碑文カタログ

6. グラフィティ・日用品、その他

①「黄金のフィブラ」刻文 (第1章第1節より)（贋作？）

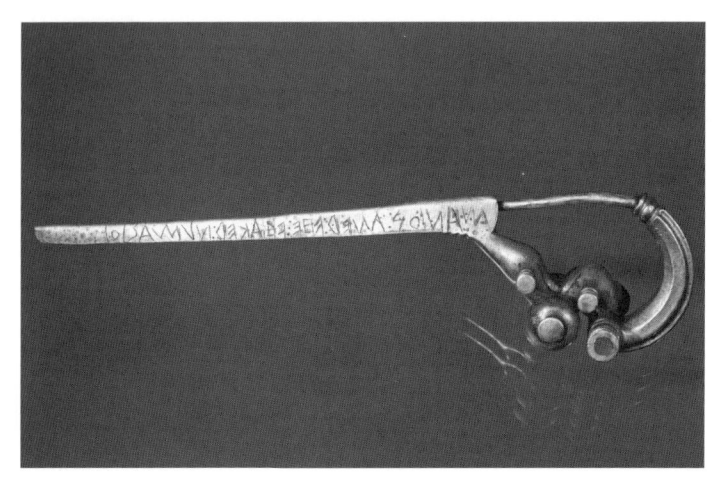

CIL I² 3 = XIV 4123 = *ILS* 8561 = Gordon no. 1

IOISAMVN : DEKAHF : EHF : DEM : SOINAM
(MANIOS MED FHE FHAKED NUMASIOI)
=Manius me fecit Numerio.

マニオス（マニウス）が私を、ヌマシオス（ヌメリウス）のために作った（作らせた）。

....

　ローマ国立先史博物館所蔵。1871年、あるいは1876年、ローマ市近郊のパレストリーナ（古代のプラエネステ）で発見。前7世紀末頃製作されたと考えられる、11cmほどの「黄金のフィブラ（ブローチ）」上のラテン語刻文である。我々の知るアルファベットとは左右反対の「鏡文字」で、右から左へ文字列が進行している。アルファベットの形状は、イタリアの先進民族エトルリア人の「模範アルファベット」の形状に準拠している（ボンファンテ『エトルリア語』を参照）。発表当初は、ラテン語最古の事例とされた。

6. グラフィティ・日用品、その他

　ところで、ローマ人（ラテン語話者）はエトルリア人から文字を学んだが、一方で、エトルリア人は前7世紀に、ギリシア人からその文字体系をほぼそっくりそのまま受容していた。しかし、ギリシア語とエトルリア語の音声は大きく異なっており、エトルリア人は文字使用に際し、いくつかの工夫を余儀なくされる。例えばエトルリア語には、ギリシア語にはない（それゆえ文字がない）「ファ行」音が存在していた。そこでエトルリア人は、それまでギリシア人が「ワ行（W音）」を示すために使っていた子音字母の「F（ディガンマ）」と、「ハ行（H音）」を表すために使っていた「日」（上下の閉じたH）を組み合わせて「F日」とし、自分たちの「ファ行」音を表すための子音記号として使うことにしたのだった。その結果、同じく「ファ行」音を持つラテン語の書かれた本刻文でも、この前7世紀のエトルリア人の工夫が活用されている。ちなみにラテン語話者たちは、後に「F日」から「日」を省き、「F」のみで「ファ行」を示す子音とした。また本刻文には、母音に挟まれた「S」音が「R」音化する現象（ロタシズム）がラテン語に起こる以前の段階の音声が、綴りに反映されて現れている（Numasios > Numerius）。

　言語学的に予想・再現されるラテン語の古い時代の姿をそのまま示している本刻文であるが、しかし、発見の経緯やそこに関わった人物たちに不審な点が多く、当初からその真正性が疑問視された。現在のところ、19世紀の比較言語学的知見を上手く採り入れた、非常に巧妙な贋作であるとの解釈が優勢となっているが、異論もある。真実は闇の中である。（志内）

| 第2部 碑文カタログ

②剣闘士興行の広告文（第5章第2節より）

D·LVCRETI·
SCR CELER
SCR AEMILIVS
SA TRI·VALENT IS· FLAMINIS· NERONIS· CAESARIS· A VG· FIL I· CELER·SING
PERPETVI·CLADIATORVM·PARIA·XX·ET·D·LVCRETIO·VALENTIS·FILI·AD LVNA
GLAD·PARIA· X·PVG· POMPEIS·VI·V·IV·III·PR· IDVS· APR·VE NATIO·LEGITIMA·
ET·VELA· ERVNT

CIL IV 3884 = *ILS* 5145

D(ecimi) Lucreti / Satri Valentis flaminis Neronis Caesaris Aug(usti) fili(i) / perpetui gladiatorum paria XX et D(ecimi) Lucreti{o} Valentis fili(i) / glad(iatorum) paria X pug(nabunt) Pompeis VI V IV III pr(idie) Idus Apr(iles) venatio legitima / et vela erunt

Scr(ipsit) / Aemilius / Celer sing(ulus) / ad luna(m)

カエサル・アウグストゥスの息子ネロの終身神官デキムス・ルクレティウス・サトゥリウス・ウァレンスによる20組の剣闘士の戦いと、彼の息子デキムス・ルクレティウス・ウァレンスによる10組の剣闘士の戦いが、4月のイドゥスの6日前、5日前、4日前、3日前、前日（4月8日、9日、10日、11日、12日）にポンペイで開催される。公認の野獣狩りがあり、天幕も張ってあるだろう。

アエミリウス・ケレルが月明かりで単身これを書く。

6. グラフィティ・日用品、その他

　ポンペイで開催された剣闘士興行の広告文は、人通りの多い道路に面した公共建物や私邸の壁にたいてい赤いペンキで塗書きされた。この広告文は、ポンペイ中心部から東のノラ門に向かうノラ通りに面する「百年祭の家」と呼ばれる邸宅が位置した第9地区（Regio IX）第8街区（Insula 8）の西側に書かれている。

　広告文のスケッチから分かるように、デキムス・ルクレティウスの名前が大きく書かれており、この広告文が最も伝えたかったのは剣闘士興行の日付や内容ではなく、その費用を負担する人物の名前であった。そもそも、剣闘士興行の開催がルクレティウス一族の名声を高めるためのものであったのだから、無理からぬことである。デキムス・ルクレティウス・サトゥリウス・ウァレンスは、ネロがクラウディウス帝の養子となった50年から皇帝となる54年までの間に、ネロのための祭司に就任した。クラウディウス帝がカエサル・アウグストゥスと書かれていることから、この広告文がクラウディウス帝の生前に書かれたとする説がある。しかし、50年代前半に書かれた広告文が79年のポンペイ埋没時まで消されずに残っていたとは考えにくく、名誉職として終身神官の称号が使い続けられた可能性を考えれば、広告文の年代を54年以降に想定することもできる。

　広告文を書いたアエミリウス・ケレルは、複数の選挙ポスターからも知られる広告書きの専門家であった。グラフィティの右脇に月明かりのもと一人で書いたことを自身の名前をともに書くだけでなく、大きく書かれたルクレティウス（Lucreti）のCの文字の中にも「ケレルが書く（Scr(ipsit) Celer)」と記し、自らの宣伝を忘れていない。

　なお、ローマにおける日付の数え方については、次項6-③を参照。（髙橋）

第2部 碑文カタログ

③ メムノン像のグラフィティ（第6章第1節より）

丸で囲った部分にこのグラフィティが刻まれている

6. グラフィティ・日用品、その他

Colosse de Memnon 56 = *CIL* III 49

T(itus) Helvius Lucanus praef(ectus) / alae Aprianae cum Maecenatia / Pia uxore et Maecenate Lucano filio / audi Memnonem VII Kal(endas) Mart(i)as / Cethego et Claro co(n)s(ulibus) hora diei prima.

私こと、アプリアナ補助軍騎兵隊長ティトゥス・ヘルウィウス・ルカヌスが、妻のマエケナティア・ピアと息子のマエケナス・ルカヌスとともに、ケテグスとクラルスが執政官の年、3月のカレンダエの7日前（170年2月23日）の昼の1時に、メムノンを聞いた。

....

「歌うメムノン像」の右脚の中程、台座から2.1mほどの高さのところに5行にわたって書かれたグラフィティ。グラフィティ全体の高さは10cm、各行の長さは平均30cm、それぞれの文字の高さは平均1.5cmである。

ルカヌスが隊長を勤めたアプリアナ補助軍騎兵隊は、1世紀半ばから3世紀後半までエジプトに駐留した補助軍騎兵隊（ala）である。補助軍とは、ローマ市民権をもたない属州出身者や外国人で構成される部隊であるが、その指揮官はローマ騎士であった。

ローマにおいて、年は、1月1日に就任する二人の執政官の名前で呼ばれた。日にちについては、各月にカレンダエ（Kalendae; = 1日）、ノナエ（Nonae; = 5日あるいは7日）、イドゥス（Idus; = 13日あるいは15日）と呼ばれる基準日があり、それらの何日前かで示した。「何日前」という数え方は当日も含んで計算されたので、ローマ人にとっての「7日前」は我々にとっての6日前のことであり、「3月のカレンダエの7日前」は、我々の数え方で3月1日の6日前であり、2月23日となる。

一日は、日の出から日没までを昼、日没から翌日の日の出までを夜として、昼と夜を十二等分し、一時間とした。したがって、季節の移り変わりとともに一時間の長さは変わった。（高橋）

あとがき

　いうまでもなく、言葉はそもそも音声でしかなかった。目で言葉を理解する文字が登場するのは、わずか5千数百年前にすぎない。楔形文字やヒエログリフが生まれ、フェニキア人の手でアルファベットが開発され、やがて洗練されながら、ギリシア文字、そしてラテン文字が登場する。このような少ない文字数で言葉を記すことによって、読み書きできる人々の裾野が広がったことは想像に難くない。

　最古のラテン文字の記録はともかく、ラテン語の文章が広く人々の目にとまるようになったのは、おそらく前5世紀半ばの成文法「十二表法」が公示された頃からであろう。12枚の銅版に刻んだ法文が衆目にさらされ、ローマ法の基礎となった。この法文をローマ人は教養の根幹をなすものと考えていた。彼らは子供の頃から「十二表法」を暗記したという。400年後のキケロも、当時まだこの習慣があったことを思い起こしている。ローマ人の丸暗記のおかげかもしれないが、この法文の断片は後世の著作にたびたび引用される。だから、当初の原文が散逸してしまった現在にあっても、おおよその内容を推測することができる。

　古代の文書は、パピルス文書を除けば、ほとんどそのままで残っていることはない。これらの文書を現在でも読むことができるのは、それらが中世の修道院などで羊皮紙や仔牛皮紙に書き写されたからである。いわば写字生の手を経ているために、正確に書き写されたものかどうか疑わしい箇所も少なくない。しかし、古代に書かれたものでも碑文なら、そのまま残っているものが多いのである。だから、碑文こそは古代の一次文書として比類がないと言える。

　このような碑文はどれほど残っているのだろうか。大ざっぱに概算すれば、おおよそ30万ほどが今日まで伝わっている。といっても、文字を刻んだ金属や石のままで現存するのはその半分ほどである。残りの半分は形としては散逸したが、文章が伝承されて

あとがき

著作に書き残されたからである。例えば、「十二表法」が今日でも復元できるのは、上述したキケロの例からも想像できるだろう。しかし、本書で扱うのは、何かしら形として現存するものに限っている。この意味で、碑文は古代の記録を生の姿で目にすることのできる直接の文書であり、唯一の文書でもある。

碑文は古代人の言葉が歪曲されることなくわれわれのもとに届いている。たとえ依頼人のメッセージそのものに誇張や誤認があったにしろ、それを刻む石工の思い込みがあったにしろ、それらを含めて古代人の肉声が聞こえてくる。そこにこそ、碑文を読む楽しみがある。本書を通じて、古代の社会や文化に直接に触れていただきたい。その片鱗でも味わってもらえれば本望である。

編者は東京大学大学院にありながら、20数年にわたってラテン碑文学のセミナーを担当してきた。その場でともに学んだ者にとって、「碑文で楽しむ古代」という趣向はごく自然に生まれるものである。そのために、それをより平易に伝えようとする努力は惜しまなかった。

なお、本書の執筆については、池口 守、大清水 裕、志内一興、髙橋亮介、中川亜希の各氏に協力してもらった。いずれもラテン碑文学のセミナー出身者であり、彼らとは何度となく研究室に集まり話し合いを重ねた。その結果が本書である。また、実際の編集作業では特に、現物の碑文を読むことにことさら熱意をもつ大清水裕君の労を煩わした。他に、ボルドー第3大学に留学中の長谷川敬君と、早稲田大学大学院文学研究科博士後期課程の福山佑子さんにもお手伝いいただいた。あえて特筆しておきたい。さらに、研究社編集部の中川京子さんには細部にまで目配りをいただき、心より感謝に耐えない。それにもかかわらず、本書に何らかの欠陥があるとすれば、ひとえに編者の責任によるものである。

2011年7月　　　　　　　　　　　　　　　　　　　　本村凌二

主要参考文献

A. 史料

1. 碑文集
＊丸括弧内は本文中で使用した略記。

L'année épigraphique (*AE*), Paris, 1888-.

Corpus Inscriptionum Latinarum (*CIL*), Berlin, 1863-.

K. As'ad & J.-B. Yon, *Inscriptions de Palmyre: promenades épigraphiques dans la ville antique de Palmyre*, Beyrouth/Damas/Amman, 2001.

A. & É. Bernand, *Les Inscriptions grecques et latines du colosse de Memnon*, Paris, 1960.

J.-P. Bost & G. Fabre, *Inscriptions latines d'Aquitaine* (*ILA*): *Pétrucores*, Bordeaux, 2001.

L. Bricault, *Recueil des inscriptions concernant les cultes isiaques* (*RICIS*), 3 vols, Paris, 2005.

F. Buecheler (ed.), *Carmina Latina Epigraphica* (*CLE*) I-II, Leipzig, 1895-1897.

R. G. Collingwood & R. P. Wright (ed.), *The Roman Inscriptions of Britain* (*RIB*), Vol. 1, Oxford, 1965.

A. E. Cooley, *Res Gestae Divi Augusti*, Cambridge, 2009.

A. Degrassi, *Inscriptiones latinae liberae rei publicae*, 2 vols., Firenze, 1957-1963.

H. Dessau (ed.), *Inscrptiones Latinae Selectae* (*ILS*), 5 vols, Berlin, 1892-1916.

E. Diehl, *Inscriptiones latinae christianae veteres* (*ILCV*), 3 vols, Berlin, 1924-1931.

A. García y Bellido, «Lápidas funerarias de gladiadores de Hispania», *Archivio Español de Arqueología*, XXXIII (1960).

J. Gascou (ed.), *Inscriptions antiques du Maroc* (*IAM*), Vol. 2 (*Inscriptions latines*), Paris, 1982.

M. Giacchero, *Edictum Diocletiani et collegarum de pretiis rerum venalium*, 2 vols, Roma, 1974.

A. E. Gordon, *Illustrated Introduction to Latin Epigraphy*, Berkeley, Los Angeles and London, 1983.

S. Gsell (ed.), *Inscriptions latines de l'Algérie* (*ILAlg*), Vol. 1, Paris, 1922.

A. Merlin (ed.), *Inscriptions latines de la Tunisie* (*ILT*), Paris, 1944.

B. Rémy (ed.), *Grenoble à l'époque gallo-romaine d'après les inscriptions*, Grenoble, 2002.

H. Thylander, *Inscriptions du port d'Ostie* (*IPO*), 2 vols, Lund, 1951/1952.

2. 邦訳史料

* 本書では、史料の引用に以下の邦訳を使用した場合があるが、箇所によっては適宜訳文に変更を加えている。

『神君アウグストゥスの業績録』国原吉之助訳（下記、スエトニウス『ローマ皇帝伝（上）』に所収）。

『西洋古代史料集』第2版、古山正人・中村 純・田村 孝・毛利 晶・本村凌二・後藤篤子訳、東京大学出版会、2002年。

アエリウス・スパルティアヌス他『ローマ皇帝群像1』南川高志訳、京都大学出版会（西洋古典叢書）、2004年。

アエリウス・スパルティアヌス他『ローマ皇帝群像2』桑山由文・井上文則・南川高志訳、京都大学出版会（西洋古典叢書）、2006年。

アエリウス・スパルティアヌス他『ローマ皇帝群像3』桑山由文・井上文則訳、京都大学出版会（西洋古典叢書）、2009年。

ウェルギリウス『アエネーイス（上・下）』泉井久之助訳、岩波書店（岩波文庫）、1976年。

ウェルギリウス『アエネーイス』岡 道男・高橋宏幸訳、京都大学学術出版会（西洋古典叢書）、2001年。

エウセビオス『教会史（上・下）』秦 剛平訳、講談社（講談社学術文庫）、2010年。

エウセビオス『コンスタンティヌスの生涯』秦 剛平訳、京都大学学術出版会（西洋古典叢書）、2004年。

オウィディウス『祭暦』高橋宏幸訳、国文社（叢書アレクサンドリア図書館）、1994年。

カエサル『ガリア戦記』国原吉之助訳、講談社（講談社学術文庫）、1994年。

クィンティリアヌス『弁論家の教育（1・2）』森谷宇一他訳、京都大学学術出版会 2005年・2009年。

クィントゥス『トロイア戦記』松田 治訳、講談社（講談社学術文庫）、2000年。

スエトニウス『ローマ皇帝伝（上・下）』国原吉之助訳、岩波書店（岩波文庫）、1986年。

タキトゥス『ゲルマニア／アグリゴラ』国原吉之助訳、筑摩書房（ちくま学芸文庫）、1996年。

タキトゥス『同時代史』国原吉之助訳、筑摩書房、1996年。

タキトゥス『年代記（上・下）』国原吉之助訳、岩波書店（岩波文庫）、1981年。

ネポス『英雄伝』山下太郎・上村健二訳、国文社（叢書アレクサンドリア図書館）、1995年。

パウサニアス『ギリシア案内記（上・下）』馬場恵二訳、岩波書店（岩波文庫）、1991-1992年。

プリニウス（小）『プリニウス書簡集』国原吉之助訳、講談社（講談社学術文庫）、1999年。

プルタルコス『プルターク英雄伝』全12巻、河野与一訳、岩波書店（岩波文庫）、1952-1956年。

プルタルコス『プルタルコス英雄伝（上・中・下）』村上堅太郎編、筑摩書房（ちくま学芸文庫）、1996年。

ペトロニウス『サテュリコン』国原吉之助訳、岩波書店（岩波文庫）、1991年。

ポリュビオス『歴史（1・2）』城江良和訳、京都大学学術出版会（西洋古典叢書）、2004年・2007年。

リウィウス『ローマ建国以来の歴史1』岩谷 智訳、京都大学学術出版会（西洋古典叢書）、2008年。

リウィウス『ローマ建国以来の歴史3』毛利 晶訳、京都大学学術出版会（西洋古典叢書）、2008年。

リウィウス『ローマ建国史（上）』鈴木一州訳、岩波書店（岩波文庫）、2007年。

B. 参考図書――さらなる学習のために

1. 碑文学

J. Bodel (ed.), *Epigraphic Evidence : Ancient History from Inscriptions*, London, 2001.

R. Cagnat, *Cours d'épigraphie latine*, 4th ed., Paris, 1914.

I. Calabi Limentani, *Epigrafia latina*, 4th ed., Bologna, 1991.

M. Cébeillac-Gervasoni, M. L. Caldelli & F. Zevi, *Epigraphie latine*, Paris, 2006.

M. Corbier, *Donner à voir, donner à lire : mémoire et communication dans la Rome ancienne*, Paris, 2006.

A. Donati, *Epigrafia romana: La comunicazione nell'antichità*, Bologna, 2002.（アンジェラ・ドナーティ、小林雅夫監修、林 要一訳『碑文が語る古代ローマ史』、原書房、2010年）

H. Freis, *Historische Inschriften zur römischen Kaiserzeit von Augustus bis Konstantin*, Darmstadt, 1984.

A. E. Gordon, *Illustrated Introduction to Latin Epigraphy*, Berkley, Los Angeles and London, 1983.

L. Keppie, *Understanding Roman Inscriptions*, London, 1991.（ローレンス・ケッピー、小林雅夫・梶田知志訳『碑文から見た古代ローマ生活誌』、原書房、2006年）

J.-M. Lassère, *Manuel d'épigraphie romaine*, 2 vols, Paris, 2005.

E. Meyer, *Einführung in die lateinische Epigraphik*, Darmstadt, 1973.

J. E. Sandys, *Latin Epigraphy: an introduction to the study of Latin inscriptions*, 2nd ed., Cambridge, 1927.

A. Sartori, *Parlano anche i sassi: Per un'interpretazione dell'Epigrafia latina*, Milano, 2001（A. Sartori, traduzione a cura di M. Kobayashi e K. Aikyo, *Epigrafia : lezioni di epigrafia latina*, Tokyo, 1992. 日本語、イタリア文化会館発行）

2. ローマ史全般

青柳正規『皇帝たちの都ローマ――都市に刻まれた権力者像』中央公論社（中公新書）、1992年。

青柳正規『ローマ帝国』岩波書店（岩波ジュニア新書）、2004年。

主要参考文献

伊藤貞夫・本村凌二編『西洋古代史研究入門』東京大学出版会、1997 年。

小川英雄『ローマ帝国の神々：光はオリエントより』中央公論新社（中公新書）、2003 年。

島田 誠『コロッセウムからよむローマ帝国』講談社（講談社選書メチエ）、1999 年。

新保良明『ローマ帝国愚帝列伝』講談社（講談社選書メチエ）、2000 年。

長谷川岳男・樋脇博敏著『古代ローマを知る事典』東京堂出版、2004 年。

南川高志『ローマ五賢帝』講談社（講談社現代新書）、1998 年。

本村凌二『地中海世界とローマ帝国（興亡の世界史 4）』講談社、2007 年。

本村凌二『古代ポンペイの日常生活』講談社（講談社学術文庫）、2010 年。

吉村忠典編『世界の戦争 2 ローマ人の戦争』講談社、1985 年。

ピーター・ガーンジィ『古代ギリシア・ローマの飢饉と食糧供給』松本宣郎・阪本 浩訳、白水社、1998 年。

ケヴィン・グリーン『ローマ経済の考古学』本村凌二監修、池口 守・井上秀太郎訳、平凡社、1999 年。

ピエール・グリマル『ローマ文明』桐村泰次訳、論創社、2009 年。

クリストファー・ケリー『ローマ帝国』藤井 崇訳、南川高志解説、岩波書店、2010 年。

エイドリアン・ゴールズワーシー『古代ローマ軍団大百科』池田 裕他訳、東洋書林、2005 年。

ベルナール・コンベ=ファルヌー『ポエニ戦争』石川勝二訳、白水社（文庫クセジュ）、1999 年。

クリス・スカー『ローマ皇帝歴代誌』青柳正規監修、月村澄枝訳、創元社、1998 年。

ダイアナ・バウダー『古代ローマ人名事典』小田謙爾他訳、原書房、1994 年。

ジャン=レミ・バランク『末期ローマ帝国』久野 浩訳、白水社（文庫クセジュ）、1977 年。

ピーター・ブラウン『古代末期の形成』足立広明訳、慶應義塾大学出版会、2006 年。

ピーター・ブラウン『古代末期の世界』宮島直機訳、刀水書房、2002 年。

キース・ホプキンス『神々にあふれる世界——古代ローマ宗教史探訪（上・下）』小堀馨子・中西恭子・本村凌二訳、岩波書店、2003 年。

エルンスト・マイヤー『ローマ人の国家と国家思想』鈴木一州訳、岩波書店、1978 年。

フィリップ・マティザック『古代ローマ歴代誌——7 人の王と共和政期の指導者たち』本村凌二監修、東 真理子訳、創元社、2004 年。

テオドール・モムゼン『ローマの歴史』全 4 巻、長谷川博隆訳、名古屋大学出版会、2005-2007 年。

ベルナール・レミィ『ディオクレティアヌスと四帝統治』大清水 裕訳、白水社（文庫クセジュ）、2010 年。

ミハイル・ロストフツェフ『ローマ帝国社会経済史（上・下）』坂口 明訳、東洋経済新報社、2001 年。

年　表

＊「碑文」欄の ⇒の後の1-①等は、第2部におけるカタログ番号を表す。また、特定可能な限り碑文の製作年代を丸括弧内に記載した（ただし、カタログ掲載の碑文についてはカタログ該当項目を参照のこと）。また、⇒の後の1.1等は、第1部における章.節を表す。

西　暦	主な出来事	碑　文
前1184?	トロイア市の陥落（伝説）。アエネアス、トロイア市脱出、イタリアへ。	
814/3	カルタゴ市の創建（伝説）	
753	ローマ市の創建（伝説）。ロムルスがローマ初代王となり「王政」開始	「凱旋将軍暦」碑文（製作は前1世紀；⇒1.1）
		「黄金のフィブラ」刻文（⇒6-①）
		「黒い石」碑文（前6世紀；⇒1.1）
509	ローマ第7代王タルクィニウス・スペルブス、ローマから追放。ブルトゥスらによる「共和政」ローマの開始	「執政官暦」碑文（製作は前1世紀；⇒1.2）
494	聖山事件で「護民官」設置。平民と貴族との間の「身分闘争」激化	
451/0	「十二表法」制定。ローマ初の成文法公開（現物は残存せず）	
445	「カヌレイウス法」制定。貴族と平民の通婚が認められる	
396	ローマ、エトルリア都市ウェイイを陥落させる	
390 (386)	ガリア人によるローマ市占領	
367	リキニウス・セクスティウス法制定。執政官に平民が就任することが認められる	
343-290	サムニウム戦争（3次：343-341、327-304、298-290）	
338	ローマ、ラティウム地方を制覇	
312	アッピア街道・水道が敷設される	アッピウス・クラウディウス・カエクスの事績を伝える碑文（⇒2-①）
282-275	ピュッロス王との戦争	

年　表

西　暦	主 な 出 来 事	碑　　文
前272	タレントゥム（現ターラント）の開城。ローマのイタリア半島制覇	
264-241	カルタゴとの第一次ポエニ戦争。ローマ、初の海外領土（属州）としてシチリア島獲得	ドゥイリウスの「コルムナ・ロストラタ」碑文（⇒2-②）
		ルキウス・コルネリウス・スキピオの墓碑（⇒4-①）
218-201	第二次ポエニ（ハンニバル）戦争	
197	スペインが属州として設定される	アエミリウス・パウルスの碑文（前190頃；⇒1.3）
186	バッカナリア事件	「バッカナリアに関する元老院決議」碑文（⇒5-①）
168	アンティゴノス朝マケドニア滅亡	
146	第三次ポエニ戦争終結。カルタゴ完全破壊	
	コリントス市の破壊。ギリシア諸市がローマ支配下に	ルキウス・ムンミウスの「勝利のヘラクレス神殿」奉献碑文（⇒1-①）
133-122	グラックス兄弟の改革	土地分配に関わる境界標石碑文（前131；⇒1.4）
107	マリウス、執政官就任。軍制改革	
91-88	同盟市戦争。イタリア半島の全自由民がローマ市民となる	「オスク語」貨幣（前90-89；⇒1.4）
		「どんぐり」碑文（⇒1.4）
83	スッラのローマ（再）進軍。「独裁官」就任	スッラへの奉献碑文（⇒1.4）
58-50	カエサルの「ガリア戦争」	
49	カエサル、ルビコン渡河	
44	カエサルの暗殺	カエサルの彫像台座碑文（⇒1.4）

西　暦	主 な 出 来 事	碑　　文
前30	アントニウスとクレオパトラの自殺。プトレマイオス朝エジプト滅亡	
27	元老院からオクタウィアヌスにアウグストゥスの称号授与。初代皇帝アウグストゥス誕生（ユリウス＝クラウディウス朝）	アルルの大理石の盾（前26；⇒2.1）
後9	トイトブルクの森の戦い	トイトブルクの森の戦いで死んだ兵士の墓碑（⇒5.1）
		神君アウグストゥス業績録（⇒5-②）
14	ティベリウス帝即位	
19	ゲルマニクスの死。グナエウス・ピソの裁判	グナエウス・ピソ（父）に関する元老院決議（後20；⇒2.1）
41	クラウディウス帝即位	
43	ブリタニア征服	
		オスティアの運河開通記念碑文（⇒3-①）
		マッジョーレ門の碑文（⇒3-②）
		剣闘士興行の広告文（⇒6-②）
54	ネロ帝即位	
		ネロ帝とシルウァヌスのための小礼拝所の碑文（⇒2.1）
66-70	第一次ユダヤ戦争	
68	ネロ帝の死によりユリウス＝クラウディウス朝断絶	
69	内乱（「4皇帝の年」）の後、ウェスパシアヌス帝即位（フラウィウス朝）	ユダヤの里程標（後69-70；⇒6.1）
		ウェスパシアヌス帝の命令権に関する法（⇒5-③）

年　表

西　暦	主 な 出 来 事	碑　　文
		アッピア街道の第一里程標（⇒3-③）
79	ティトゥス帝即位	
	ヴェスヴィオ山噴火によりポンペイやエルコラーノ埋没	
80	コロッセオ完成	
81	ドミティアヌス帝即位	
		ティトゥス帝の凱旋門（後81-96；⇒2.2）
		エジプト出土の軍務修了証書（後86；⇒5.1）
96	ドミティアヌス帝暗殺によりフラウィウス朝断絶。ネルウァ帝即位（五賢帝の時代）	
		アッピア街道の第一里程標再建（⇒3-③）
98	トラヤヌス帝即位	
101-106	ダキア戦争	
		トラヤヌス帝の記念柱（⇒2-③）
		ベネヴェントのトラヤヌス帝のアーチ（後114；⇒2.3）
117	ローマ帝国の版図が最大に	
	ハドリアヌス帝即位	
		パンテオン再建（⇒3-④）
138	アントニヌス・ピウス帝即位	
		トリエステ出身の元老院議員の顕彰決議（⇒2.3）
161	マルクス・アウレリウス帝即位	
		軍団のリスト（後165；⇒5.1）
		バナサ青銅板（⇒5-④）

西暦	主な出来事	碑文
180	コンモドゥス帝即位	
192	コンモドゥス帝暗殺	
193	内乱の後、セプティミウス・セウェルス帝即位（セウェルス朝）	
		セプティミウス・セウェルス帝の凱旋門（⇒2-④）
		アルジェンターリのアーチ（後204；⇒2.4）
211	カラカラ帝・ゲタ帝共同統治の後、ゲタ帝暗殺	
212	アントニヌス勅法	
235	セウェルス・アレクサンデル帝暗殺によりセウェルス朝断絶。マクシミヌス・トラクス即位。いわゆる「3世紀の危機」の始まり	
238	北アフリカでの反乱をきっかけとしてマクシミヌス・トラクス政権崩壊	238年の「革命」での死者の墓碑（⇒4-⑤）
249	デキウス帝即位（-251）。初の組織的キリスト教徒迫害	
260	ウァレリアヌス帝、ペルシアに敗れ捕囚となる	
260-268	ガリエヌス帝の単独統治	
260-274	「ガリア帝国」形成	ガリア討伐軍がクラウディウス・ゴティクス帝に捧げた碑文（⇒2-⑤）
		マクタールの収穫夫の墓碑（⇒4-⑥）
270	アウレリアヌス帝即位（-275）。「ガリア帝国」とパルミラを滅ぼし帝国を再統一	アウレリアヌス帝の顕彰碑文（後275頃；⇒3.1）
284	ディオクレティアヌス帝即位（-305）	
		ディオクレティアヌス帝の最高価格令（⇒5-⑤）

年表

西　暦	主　な　出　来　事	碑　　文
303	キリスト教徒に対する最後の迫害始まる（-311）	
306	コンスタンティヌス帝即位（-337）	
312	コンスタンティヌス帝、「ミルウィウス橋の戦い」でマクセンティウスを破りローマ入城	
313	「ミラノ勅令」	
		コンスタンティヌス帝の凱旋門（⇒2-⑥）
324	コンスタンティヌス帝、東方の皇帝リキニウスを破り単独支配者となる	
325	ニケーアの公会議	
330	コンスタンティノポリス開都	
360	「背教者」ユリアヌス、正帝を称す（-363）	
376	グラティアヌス帝、「大神祇官」称号を放棄	
378	ウァレンス帝、ハドリアノポリスの戦いで敗北、死去	
379	テオドシウス、グラティアヌス帝により東方の皇帝に任じられる	
382	グラティアヌス帝、元老院議事堂のウィクトリア像の撤去を命令	
394	フリギドゥスの戦いでテオドシウス帝勝利。	
395	テオドシウス帝死去。いわゆる「ローマ帝国の東西分裂」	
		スティリコの碑文（後402/406；⇒3.3）
410	西ゴート族によるローマ略奪	
		ニコマクス・フラウィアヌスの顕彰碑文（後431；⇒3.3）
		コロッセオの修復を伝える碑文（⇒3-⑤）
476	西方でロムルス・アウグストゥルス廃位。「西ローマ帝国の滅亡」	

地図（ヨーロッパ西部・地中海西部）

- 大西洋
- チェスター
- ブリタニア
- ロンドン
- カルクリーゼ
- ライン川
- ゲルマニア
- ベルギカ
- パリ
- トリーア
- マインツ
- ルグドゥネンシス
- ラエティア
- ノリクム
- ガリア
- ペリグー
- リヨン
- アルプス山脈
- アクィレイア
- アクィタニア
- グルノーブル
- ミラノ
- トリエステ
- ナルボネンシス
- ポー川
- ラヴェンナ
- ニーム
- ルビコン川
- タラゴネンシス
- ルシタニア
- セゴビア
- コルシカ
- テヴェレ川
- アスコリ
- ローマ
- アド
- タラゴナ
- オスティア
- カンナエ
- ヒスパニア
- コルドバ
- カプア
- セビリア
- バエティカ
- サルディニア
- ポッツォーリ
- ナポリ
- カディス
- カルタヘナ
- エルコラーノ
- ポンペイ
- 地
- カリャリ
- ティレニア海
- ベネヴェント
- バナサ
- ミラッツォ
- シチリア
- マウレタニア
- スーク・アフラス
- カルタゴ
- ヌミディア
- ザマ
- テベッサ
- エル・ジェム
- マクタール
- アフリカ・プロコンスラリス
- 中

0 100 200 300 400 500km

274

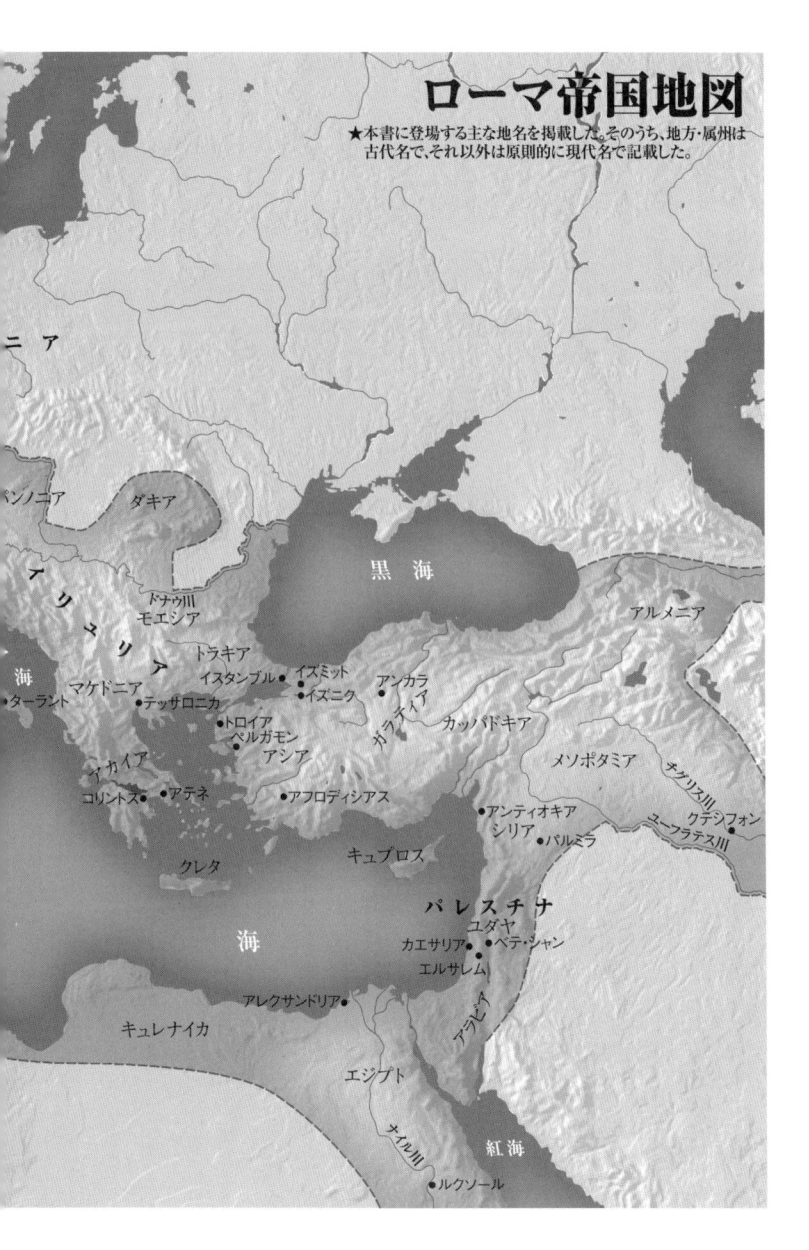

ローマ帝国地図

★本書に登場する主な地名を掲載した。そのうち、地方・属州は古代名で、それ以外は原則的に現代名で記載した。

- パンノニア
- ダキア
- イリュリア
- ドナウ川
- モエシア
- 黒海
- アルメニア
- トラキア
- イスタンブール
- イズミット
- イズニク
- アンカラ
- マケドニア
- テッサロニカ
- ガラティア
- カッパドキア
- ターラント
- トロイア
- ペルガモン
- アシア
- メソポタミア
- チグリス川
- アカイア
- コリントス
- アテネ
- アフロディシアス
- アンティオキア
- クテシフォン
- シリア
- パルミラ
- ユーフラテス川
- クレタ
- キュプロス
- パレスチナ
- ユダヤ
- カエサリア
- ベテ・シャン
- エルサレム
- アラビア
- キュレナイカ
- アレクサンドリア
- エジプト
- ナイル川
- 紅海
- ルクソール

図版一覧

カラー口絵（巻頭）
①大清水 裕撮影．③髙橋亮介撮影．⑦本村凌二撮影．他、中川亜希撮影．

序論
トゥリアの称賛碑：su concessione del Ministero per i Beni e le Attività Culturali — Soprintendenza Speciale per i Beni Archeologici di Roma. **アウグストゥス廟／アラ・パチス／ガイオ・チェスティオのピラミデ**：大清水 裕撮影．**ベルトルッチ監督「暗殺の森」（1970年）の一場面**：写真協力 公益財団法人川喜多記念映画文化財団．**パンテオン**：本村凌二撮影．他、中川亜希撮影．

第1部
扉：志内一興撮影．

第1章
フォロ・ロマーノの「黒い石」碑文：FU 14120, American Academy in Rome, Photographic Archive. **「ヌマの暦」**：From *Inscriptiones Latinae Liberae Rei Publicae: Imagines*, Walter de Gruyter, 1965. **ローマ近郊のアッピア街道／カンナエの遺跡と古戦場**：中川亜希撮影．**現在の「ザマ」**：志内一興撮影．**コリントスのアポロン神殿**：佐藤 昇撮影．**前90-89年発行のオスク語貨幣／前129年頃発行の銀貨**：© 海月志穂子．**フォリ・インペリアーリ通りのカエサルのフォロ前に立つカエサル像**：大清水 裕撮影．

第2章
女神ローマとアウグストゥスの神殿：photo S. Mitchell. **ネロの名前が刻まれた、小礼拝所の碑文**：photo © G. Alföldy/EDH. **71年発行のウェスパシアヌス帝の貨幣**：© 海月志穂子．他、中川亜希撮影．

第3章
トルコ、アフロディシアス遺跡のバシリカ付近の様子：By Courtesy of Prof. C. Roueché. 他、大清水 裕撮影．

第4章
オスティア新港を記念するコイン：Photo Fitzwilliam Museum. 他、池口 守撮影．

第5章
海難事故で落命した無名兵士の墓碑／カエキリウス・アウィトゥスの墓碑：Reproduced by permission of the Administrators of the Haverfield

図版一覧

Bequest. **剣闘士アクティウスの墓碑**：From A. García y Bellido, «Lápidas funerarias de gladiadores de Hispania», *Archivio Español de Arqueología*, XXXIII (1960). 他、本村凌二撮影.

第6章

メムノン像遠景／トリーアのポルタ・ニグラ：髙橋亮介撮影. **リヨンの円形闘技場**：大清水 裕撮影. **パルミラの遺跡**：倉橋良伸撮影. **太陽神の祭壇左面**：From Franz Cumont, «L'autel palmyrénien du musée du Capitole», *Syria* 9, fasc. 2 (1928), pl. XXXVIII. 他、中川亜希撮影.

第2部

扉：FU 10560, American Academy in Rome, Photographic Archive.

碑文カタログ

1-①Photo Vatican Museums. ②From Franz Cumont, «L'autel palmyrénien du musée du Capitole», *Syria* 9, fasc. 2 (1928), pl. XXXVIII, XXXIX. ③Cliché B. Dupuy. Musée Vesunna Périgueux, France.

2-①福山佑子撮影. Soprintendenza per i Beni Archeologici della Toscana. ②FU 1324, American Academy in Rome, Photographic Archive. ③FU 10727, American Academy in Rome, Photographic Archive. ④中川亜希撮影. ⑤By Courtesy of Prof. Bernard Rémy. Photo Musée dauphinois. ⑥大清水 裕撮影.

3-①By Courtesy of Prof. Martin Millett. ②池口 守撮影. ③中川亜希撮影. ④本村凌二撮影. ⑤photo Stefano Castellani.

4-①Photo Vatican Museums. ②Berlin-Brandenburgische Akademie der Wissenschaften. ③su concessione del Ministero per i Beni e le Attività Culturali—Soprintendenza Speciale per i Beni Archeologici di Roma. ④ From M. Rodinson, «Une inscription trilingue de Palmyre», *Syria* 27, fasc. 1/2 (1950), p. 138, fig. 1. ⑤⑥大清水 裕撮影. Département des Antiquités grecques, étrusques et romaines, musée du Louvre.

5-①Photo Kunsthistorisches Museum, Wien. ②photo S. Mitchell. ③Singer, Neg. D-DAI-Rom 1971.1939. ④By Courtesy of Prof. Jacques Gascou. From *Inscriptions antiques du Maroc 2* (1982). ⑤ musée Granet/CPA. cliché Bernard Terlay.

6-①Reproduction authorised by the Italian Ministry of Cultural Heritage and Activities, Central Institute for Cataloguing and Documentation. ②Berlin-Brandenburgische Akademie der Wissenschaften. ③髙橋亮介撮影.

著者紹介 *五十音順

池口 守（いけぐち・まもる）―第4章担当
久留米大学文学部教授。ケンブリッジ大学古典学博士課程修了。Ph.D.
- 「古代イタリアにおける肉食の実態と変容」桜井万里子・師尾晶子編『古代地中海世界のダイナミズム』（山川出版社、2010年）
- 「ポルトゥスおよびオスティアの倉庫と港湾都市の盛衰」坂口明・豊田浩志編『オスティア・アンティカ研究の最前線』（勉誠出版、2017年）
- 「古代世界の経済とローマ帝国の役割」『岩波講座 世界歴史03 ローマ帝国と西アジア 前3〜7世紀』（岩波書店、2021年）

大清水 裕（おおしみず・ゆたか）―第3章担当
東洋大学文学部教授。東京大学大学院人文社会系研究科博士課程修了。博士（文学）。滋賀大学教育学部教授などを経て現職。
- 『ディオクレティアヌス時代のローマ帝国』（山川出版社、2012年）
- ベルトラン・ランソン著『コンスタンティヌス：その生涯と治世』（白水社、2012年）翻訳
- ジェラール・クーロン／ジャン＝クロード・ゴルヴァン著『古代ローマ軍の土木技術』（マール社、2022年）翻訳

志内一興（しうち・かずおき）―第1章担当
流通経済大学経済学部准教授。東京大学大学院人文社会系研究科博士課程満期退学。博士（文学）。
- ジョン・ゲイジャー著『古代世界の呪詛板と呪縛呪文』（京都大学学術出版会、2015年）翻訳
- ジェイムズ・ロム著『セネカ 哲学する政治家』（白水社、2016年）翻訳
- ソーントン・ワイルダー著『三月十五日 カエサルの最期』（みすず書房、2018年）翻訳

髙橋亮介（たかはし・りょうすけ）―第6章担当
東京都立大学人文社会学部教授。ロンドン大学キングスカレッジ古典学科博士課程修了。Ph.D.
- *The Ties That Bind: the Economic Relationships of Twelve Tebtunis Families in Roman Egypt*, University of London Press, 2021
- 「ローマ帝国社会における女性と性差」『岩波講座 世界歴史03 ローマ帝国と西アジア 前3〜7世紀』（岩波書店、2021年）
- 「ローマ期エジプトの地方神殿と図書館」周藤芳幸編『古代地中海世界と文化的記憶』（山川出版社、2022年）

中川亜希（なかがわ・あき）―第2章担当
上智大学文学部教授。ボローニャ大学歴史学科博士課程修了。Ph.D.
- 「ミラノ―ケルト、ローマ、そしてキリスト教―」本村凌二編『ローマ帝国と地中海文明を歩く』（講談社、2013年）
- 「古代ローマ西方の聖域と社会」浦野聡編『古代地中海の聖域と社会』（勉誠出版、2017年）
- 「記憶の断罪 damnatio memoriae―史料から見る古代ローマの名誉と不名誉」上智大学文学部史学科編『歴史家の調弦』（上智大学出版、2019年）

編著者紹介

本村凌二（もとむら・りょうじ）

東京大学名誉教授。東京大学大学院人文科学研究科博士課程修了。博士（文学）。東京大学教養学部教授、同大学院総合文化研究科教授を経て、2018年3月まで早稲田大学国際教養学部特任教授。専門は古代ローマ史。
著書は、『薄闇のローマ世界』（東京大学出版会）、『多神教と一神教』（岩波書店）、『古代ポンペイの日常生活』、『愛欲のローマ史』、『地中海世界とローマ帝国』、『英語で読む高校世界史』（以上、講談社）、『馬の世界史』、『競馬の世界史』（以上、中央公論新社）、『教養としての「世界史」の読み方』、『教養としての「ローマ史」の読み方』（以上、PHP研究所）、『ローマ帝国 人物列伝』（祥伝社）、など多数。
本書では、序論・第5章担当。

KENKYUSHA
〈検印省略〉

ラテン語碑文で楽しむ古代ローマ

2011年8月25日 初版発行　　2025年4月30日 3刷発行

編著者	**本村凌二**
著　者	池口 守・大清水 裕・志内一興・髙橋亮介・中川亜希
発行者	吉田尚志
発行所	株式会社 研究社
	〒102-8152 東京都千代田区富士見2-11-3
	電話　営業（03）3288-7777㈹　編集（03）3288-7711㈹
	振替　00150-9-26710
	https://www.kenkyusha.co.jp/
印刷所	三省堂印刷株式会社
装丁・本文デザイン	亀井昌彦
地図製作	ジェイ・マップ

ISBN 978-4-327-37730-4 C1022 Printed in Japan